Impressum
Verlag: BABADADA GmbH, Nedderfeld 112 , 22529 Hamburg
Geschäftsführer / Verlagsleitung: Harald Hof
Druck: Books on Demand GmbH, In de Tarpen 42, 22848 Norderstedt

Imprint
Publisher: BABADADA GmbH, Nedderfeld 112 , 22529 Hamburg, Germany
Managing Director / Publishing direction: Harald Hof
Print: Books on Demand GmbH, In de Tarpen 42, 22848 Norderstedt

escola

སློབ་ཁང་།
classe

བགོ་བ།
dividir

186/2

ཨེག་པང་།
tauler

སློབ་གྲྭའི་ལས་རྩལ་ཐང་།
pati (de l'escola)

དགེ་རྒན།
professor

ཤོག་བུ།
paper

འབྲི་བ།
escriure

སྨྱུག་གུ
estilogràfica

ཅོག་ཙེ།
escriptori

ཚིག་ཤིང་།
regle

དཔེ་དེབ།
llibre

སློབ་ཕྲུག
estudiant

དཔེ་ལྐོག
bossa

སྨྱུག་སྒྲོམ།
estoig

ཞ་སྨྱུག
llapis

གཤོག་གྲི།
maquineta de fer punta

འགྱིག་གསུབ།
goma

འབྲི་པད།
bloc de dibuix

རི་མོ།

dibuix

ཚོན་ཕིར།

pinzell

ཚོས་སྣ་མ།

capsa de pintures

ཇེམ་ཚེ།

tisores

འབྱར་སྐེ།

cola

སྦྱོང་བརྡར་སློབ་དེབ།

quadern d'exercicis

ནན་སློང་།

deures

12

ཨང་གྲངས།

nombre

2+2

སྣོན་པ།

afegir

5-2

འཕྲི་བ།

sostreure

2×2

སྒྱུར་བ།

multiplicar

རྩིས་རྒྱག་པ།

calcular

A

ཡི་གེ།

lletra

ABCDEFG
HIJKLMN
OPQRSTU
VWXYZ

ཀ་ཁ་

alfabet

hello

ཚིག

mot

ཡིག་གཞི།

text

ཀློག་པ།

llegir

ས་སྣུག

guix

སློབ་ཚན།

lliçó

དེབ་གཞུང་།

llibre de classe

ཡིག་ཚད།

examen

ལག་ཁྱེར།

certificat

སློབ་གོས།

uniforme escolar

སློབ་གསོ།

formació

ཤེས་བྱ་ཀུན་བཏུས་དེབ་ཐེར།

enciclopèdia

སློབ་གྲྭ་ཆེན་མོ།

universitat

ཕྲ་མཐོང་ཆེ་ཤེལ།

microscopi

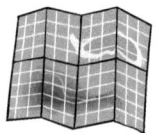

ས་ཁྲ།

mapa

གད་སྙིགས་གསོག་སློག

paperera

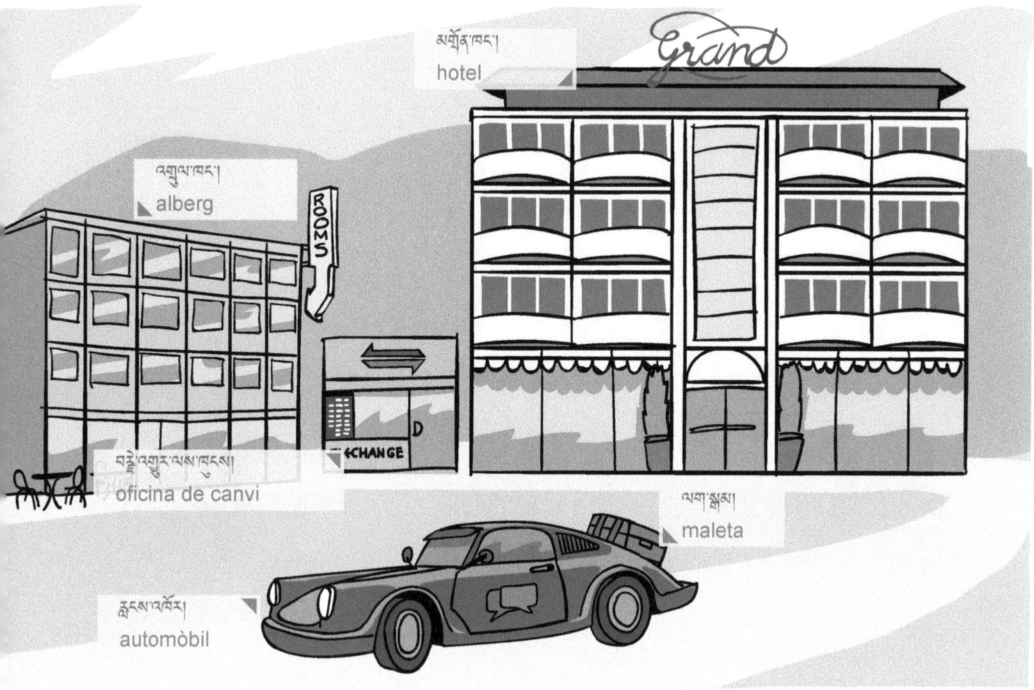

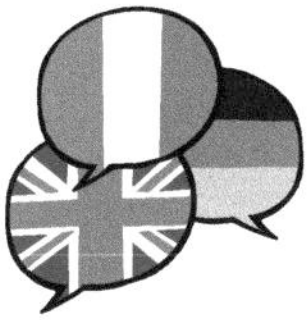

viatge

མགྲོན་ཁང་།
hotel

འགྲུལ་ཁང་།
alberg

བརྗེ་བསྒྱུར་ལས་ཁུངས།
oficina de canvi

ལག་སྒྲོམ།
maleta

རྣུང་འཁོར།
automòbil

སྐད་རིགས།
llengua

རེད། མ་རེད།
sí / no

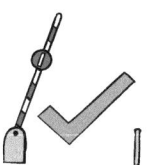

ལགས་སོ།
D'acord

ཁམས་བཟང་།
Ey!

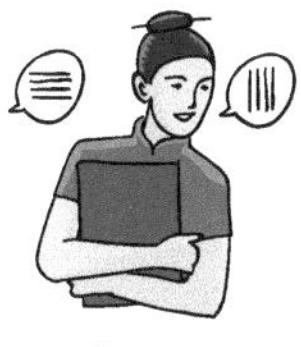

ཡིག་སྒྱུར་བ།
traductora

ཐུགས་རྗེ་ཆེ།
gràcies

གཱ་ཚོང་རིན།

Quant costa... ?

ད་གོ་མ་སོང་།

No entenc

རྫོག་དྲ།

problema

དགོང་མོ་བདེ་ལེགས།

Bona nit!

ཕྱི་དྲོ་བདེ་ལེགས།

bon dia!

མཚན་མོ་བདེ་ལེགས།

bona nit!

གཱ་ལེར་ཕེབས།

fins aviat

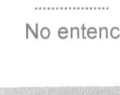

ཁ་ཕྱོགས།

direcció

ཅ་ལག

bagatge

ཁུག་མ།

bossa

རྒྱབ་ཁུག

sarrona

མགྲོན་པོ།

convidat

ཁང་མིག

cambra

ཉལ་ཁུག

sac de dormir

གུར།

tenda

བུ་ལ་སྐོར་ཆ་འཕྱིན།
....
oficina de turisme

མཚོ་ཡིའི་གྲམ་ཐང་།
....
platja

ཡིད་ཆེས་བུང་བུ།
....
carta de crèdit

ཞོགས་ཟས
....
esmorzar

དགོངས་ཚོ།
....
dinar

ནུབ་ཚོ།
....
sopar

པ་ཤེ།
....
bitllet

སྒྲོག་སྣས།
....
ascensor

ཤེལ་ཚོ།
....
segell

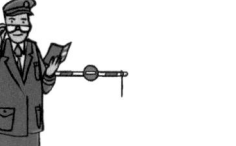

མཐའ་མཚམས།
....
frontera

སྒོ་ཁྲལ།
....
duana

གཞུང་ཚབ་ཆེན་མོའི་ལས་ཁུངས།
....
ambaixada

མཆན་བཀོད་ལག་ཁྱེར།
....
visat

ལག་འཁྱེར།
....
passaport

སྐྱེལ་འདྲེན་བྱེད་པ།

transport

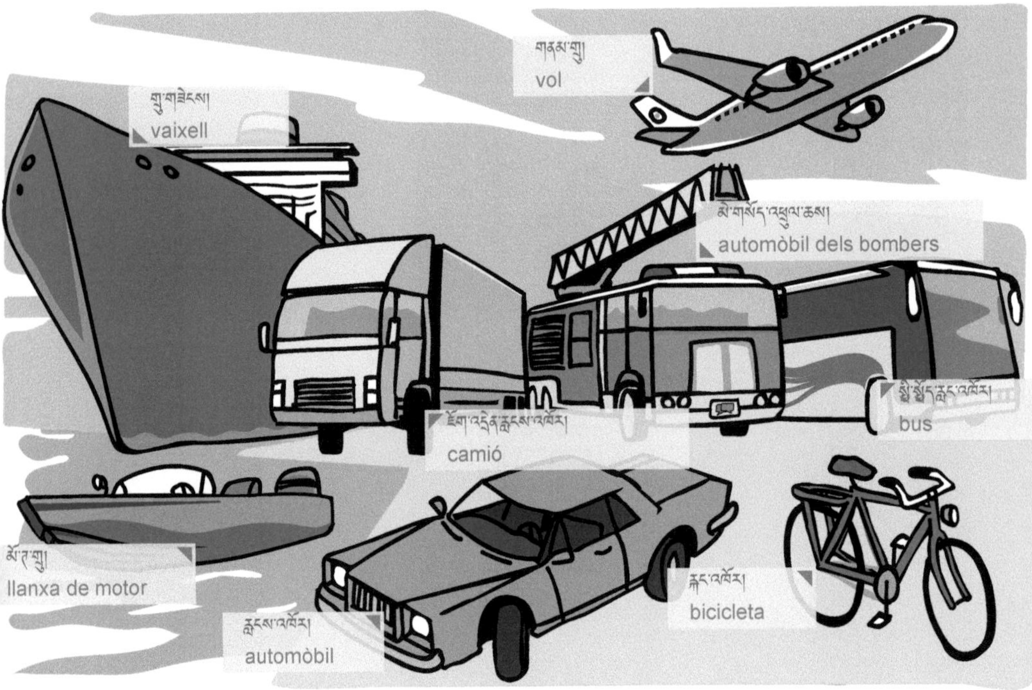

གནམ་གྲུ།
vol
གྲུ་གཟིངས།
vaixell
མེ་གསོད་འཁྲུལ་ཆས།
automòbil dels bombers
སྤྱི་སྤྱོད་རླང་འཁོར།
bus
ཐོག་འདྲེན་རླངས་འཁོར།
camió
མོ་ཊ་གྲུ།
llanxa de motor
རྐང་འཁོར།
bicicleta
རླངས་འཁོར།
automòbil

ཀོ་བ།

transbordador

གྲུ།

barca

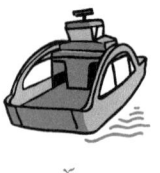

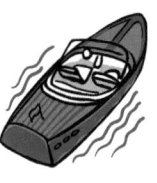

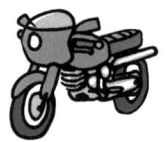

འཁྲུལ་རྟ།

moto

བདེ་སྲུང་སྐུམ་འཁོར།

automòbil de policia

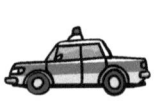

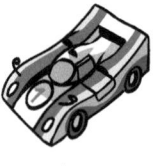

རླངས་འཁོར་འགྲན་བསྡུར།

automòbil de curses

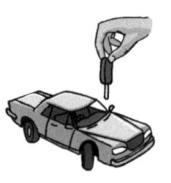

གླ་འབབ་རླངས་འཁོར།

automòbil de lloguer

རྒྱས་འཁོར་བགོ་འགྲེམས་བྱེད་པ།

vehicle compartit

འདུད་འཁོར་ཆག་སྒྲིག

grua

འདུད་འཁོར།

camió de les escombraries

མོ་ཊ།

motor

བུད་ཤིང་།

benzina

རྫི་སྣུམ་ས་ཚིགས།

benzineria

འགྲིམ་འགྲུལ་གྱི་མཚོན་རྟགས།

senyal de trànsit

འགྲིམ་འགྲུལ།

trànsit

འགྲིམ་འགྲུལ་འགགས་པ།

embús

རྒྱས་འཁོར་འཇོག་པ།

aparcament

མེ་འཁོར་འབབ་ཚིགས།

estació de trens

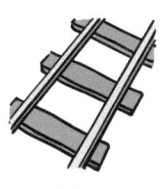

ལམ་རྩད།

vies

མེ་འཁོར།

tren

གློག་སྐུད་ཀྱི་སྟོང་ཀྱི་འཁོར་ལས།

tramvia

ཤིང་རྟ་འཁོར་ལོ།

vagó

ཐད་འཕུར་གནམ་གྲུ།

helicòpter

གནམ་གྲུ་ས་ཚིགས།

aeroport

ལྟག་ལྟོག་ཁང་པ།

torre

འགུལ་པ།

passatger

སྒྲོད་ཆས།

contenidor

ཤོག་སྒམ།

capsa de cartó

ཤིང་སྒྲ།

carretó

གཟེད་མ།

cistella

མཚོང་བ།

enlairar-se / aterrar

གྲོང་ཁྱེར།

ciutat

སྡེ་བ།

poble

གྲོང་ཁྱེར་གྱི་ལྟེ་བ།

centre de la ciutat

ཁང་པ།

casa

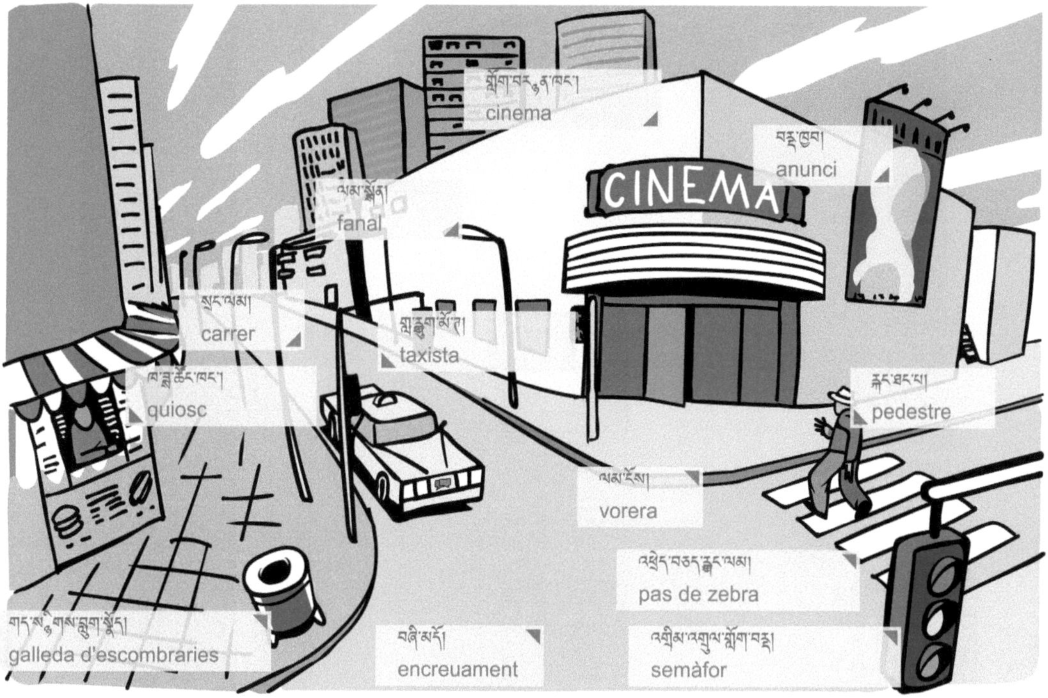

cinema
anunci
fanal
carrer
taxista
quiosc
pedestre
vorera
pas de zebra
galleda d'escombraries
encreuament
semàfor

cabana

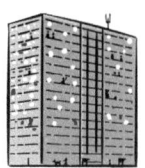

apartament

estació de trens

casa de la vila-ciutat

museu

escola

སློབ་གྲྭ་ཆེན་མོ།

universitat

དངུལ་ཁང་།

banca

སྨན་ཁང་།

hospital

མགྲོན་ཁང་།

hotel

སྨན་སྦྱོར་ཁང་།

farmàcia

ལས་ཁུངས།

oficina

དཔེ་ཁང་།

llibreria

ཚོང་ཁང་།

botiga

མེ་ཏོག་ཚོང་མ་ཁང་།

floristeria

སྣ་ཚོགས་ཁྲོམ་ར།

supermercat

ཁྲོམ་ར།

mercat

སྣ་ཚོགས་ཚོང་ཁང་།

gran magatzem

ཉ་ཚོང་མ་ཁང་།

peixateria

ཚོང་ཁང་སྤྱི་གཉེར།

centre comercial

གྲུ་ཁ།

port

སྐྱེད་ཚལ།

parc

རྐུབ་ཀྱག་འར་མོ།

banc

ཟམ་པ།

pont

ཐེམ་སྐས།

escala

ས་འོག་གི།

metro

རི་སྦུག་ལུགས་ལམ།

túnel

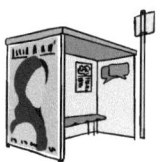
རྐང་འཁོར་འབབས་ཚིགས།

parada d'autobús

ཆང་ཁང་།

bar

ཟ་ཁང་།

restaurant

ཡིག་སྐྱེལ།

bústia de correu

ལམ་གྱི་མཚོན་རྟགས།

senyal indicador

འཛིན་སྐྱ་རིའི་རིན་ཐིག

parquímetre

གཅན་གཟིག་ཁང་།

zoo

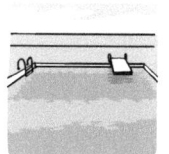
རྒྱལ་རྫིང་།

piscina

ཁ་ཆེའི་ལྷ་ཁང་།

mesquita

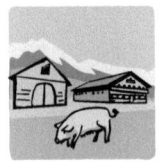

ཞིང་ར།

granja

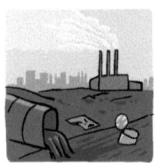

འབགས་བཙོག

pol·lució

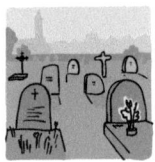

དུར་ས།

cementiri

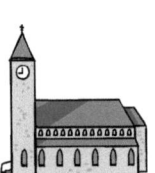

ལྷ་ཁང་།

església

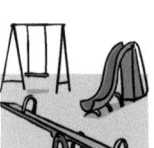

རྩེད་ཐང་།

parc infantil

ལྷ་ཁང་།

temple

ཡུལ་ལྗོངས།

paisatge

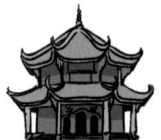

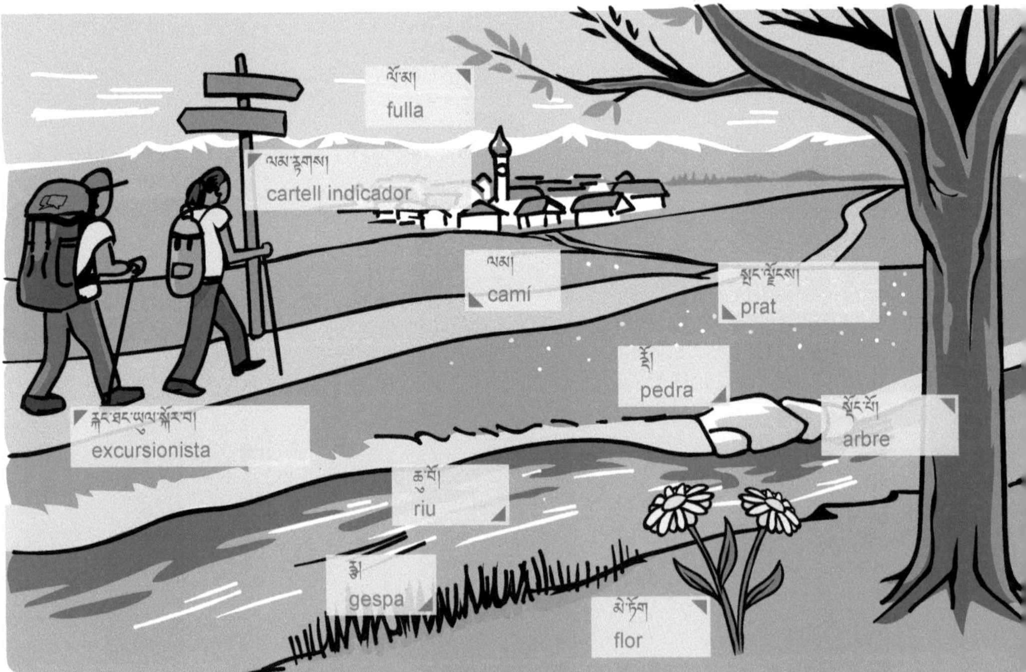

ལོ་མ།
fulla
ལམ་རྟགས།
cartell indicador
ལམ།
camí
སྤང་ལྗོངས།
prat
རྡོ།
pedra
སྡོང་པོ།
arbre
རྐང་ཐང་ཡུལ་སྐོར་བ།
excursionista
ཆུ་བོ།
riu
རྩྭ།
gespa
མེ་ཏོག
flor

གྲུང་།
vall

རི་བོ།
muntanya

མཚོ།
llac

ནགས་ཚལ།
bosc

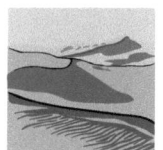

བྱེ་ཐང་
desert

མེ་རི།
volcà

ཕ་བྲང་།
castell

འཇའ་མཚོན།
arc de Sant Martí

ཤ་མོ།
bolet

ཏ་ལའི་ཤིང་།
palmera

དུག་སྦྲང་།
moscard

སྦྲང་བུ།
mosca

གྲོག་མ།
formiga

བུང་སྦྲང་།
abella

སྦོམ།
aranya

 སྦུར་ནག

escarabat

སྦལ་པ།

granota

ཕྲང་གི

esquirol

ཅན་མོ།

eriçó

རི་བོང་།

llebre

འུག་པ།

òliba

བྱ།

ocell

ངང་དཀར།

cigne

ཕོ་ཐག

senglar

ཤ་བ།

cervo

རྩ་མོང་ཤ་བ།

ant

ཆུ་རགས།

presa

རླུང་གི་འཁྲུལ་ཆས།

turbina

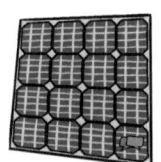

ཉི་མའི་བཟུགས་པོལ་ཚོགས་ཆུང་།

panell solar

ནམ་ཟླ།

clima

restaurant

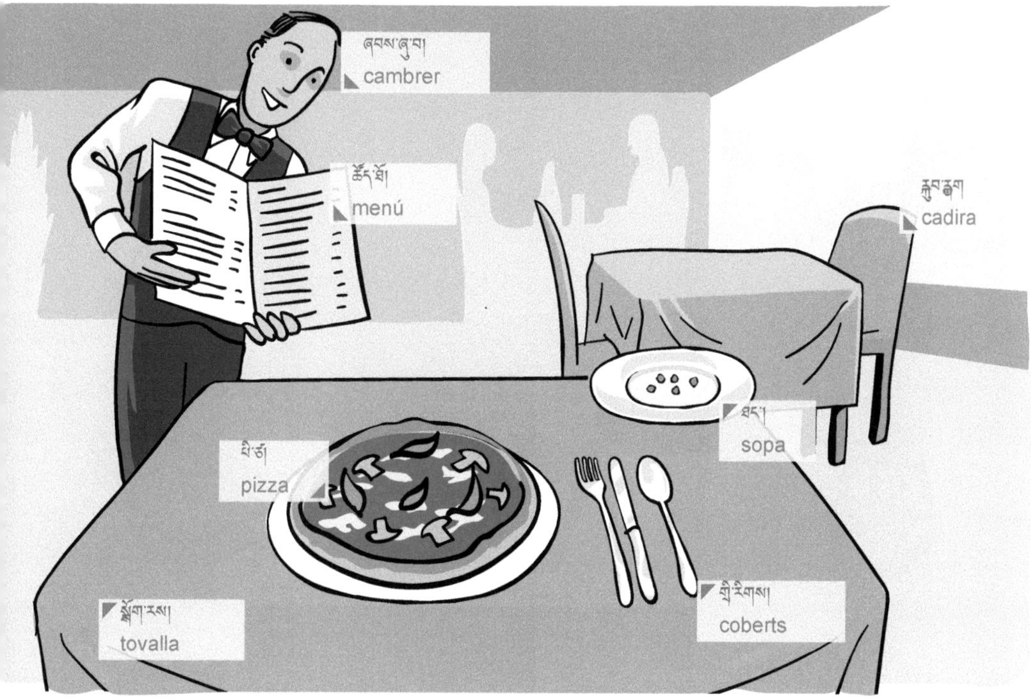
ཞབས་ཞུ་བ།
cambrer
ཚོད་ཐོ།
menú
རྐུབ་ཀྱག
cadira
ཐང་།
sopa
པི་ཙ།
pizza
སྟོག་རས།
tovalla
གྲི་རིགས།
coberts

ཟ་མ་དང་པོ།
....
primer plat

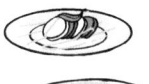

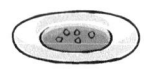

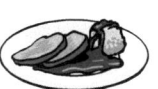

གཙོ་ཚལ།
....
plat principal

མངར་ཟས།
....
darreries

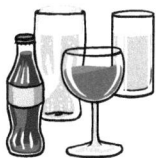

འཐུང་བ།
....
begudes

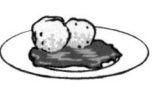

ཁ་ལག
....
menjar

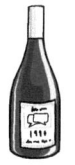

ཤེལ་དམ།
....
ampolla

མགྱོགས་ཟས།
menjar ràpid

སྲང་གི་ཟས་ཞིག
menjar de carrer

ཇ་དཀུ
tetera

མངར་པོར།
sucrer

དུམ་བུ
porció

ཙིག་རྟ་འཕྲུལ་ཆས།
màquina d'espresso

ཀྲུང་མཐོ་རྐུབ་སྟེགས།
trona

ཐོ་ཡིག
factura

ཤིང་ཀྲོལ།
plata

ཟ་གྲི
ganivet

ཟས་ཆེད།
forqueta

ཞིམ་བུ
cullera

ཕུར་མ།
cullereta

ལག་རས།
tovalló

ཤེལ་ཕོར།
got

ཟ་ཁང། - restaurant

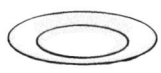

སྡེར་མ།

plat

ཐང་ཕོར།

plat de sopa

སྡེར་དཔྱིབས།

plateret

སྦོད་རྫས།

salsa

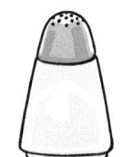

ཚྭ་ཕོག

saler

གཡེར་མ་འཐག་འཁོར།

molinet de pebre

ཚོད།

vinagre

སྣུམ།

oli

མནན་རྫས།

espècies

ཞེ་ཅུའུབ།

quètxup

སེ་ཤྩི།

mostassa

སྒོང་མེར་ཆད།

maionesa

སྣ་ཚོགས་ཁྲོམ་ར།

supermercat

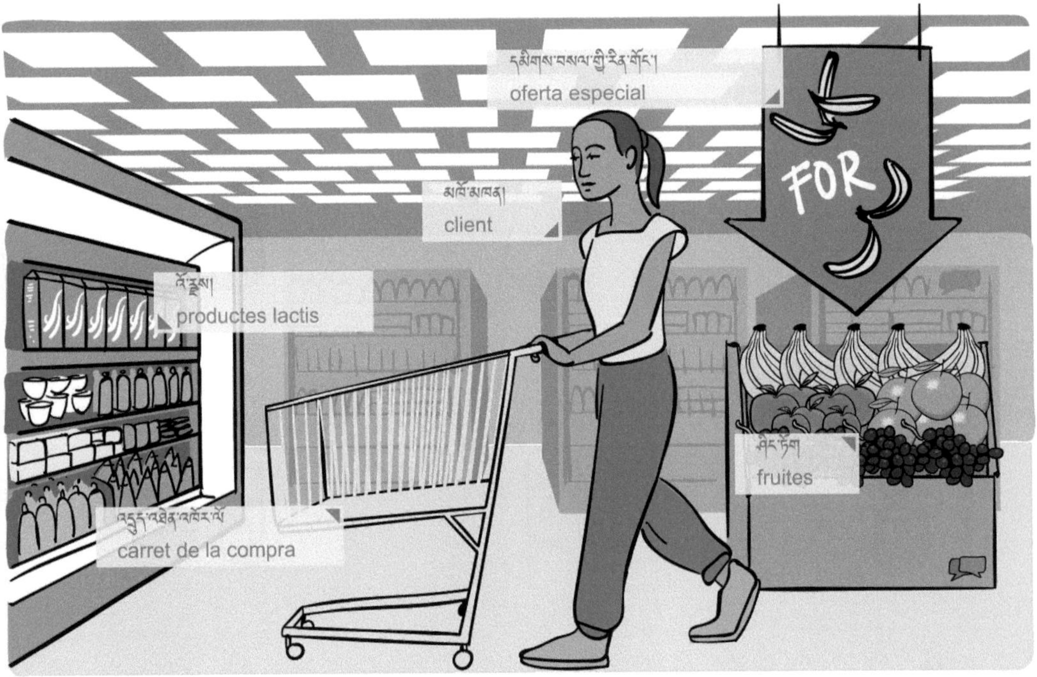

དམིགས་བསལ་གྱི་རིན་གོང་།
oferta especial
FOR
མཁོ་མཁན།
client
འོ་རྫས།
productes lactis
ཤིང་ཏོག།
fruites
འདྲུད་འཐེན་འཁོར་ལོ།
carret de la compra

BUTCHERS

བཤས་ཚོང་།

carnisseria

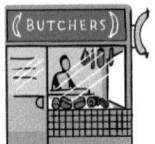

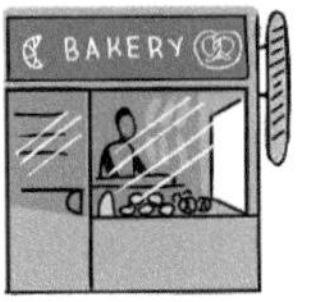

BAKERY

བག་ལེབ་ལས་མཁན།

forn de pa

ལྗིད་ཚད་འཇོགས་པ།

pesar

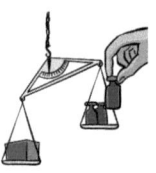

ཚོད་མ།

verdures

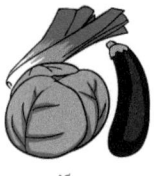

ཤ།

carn

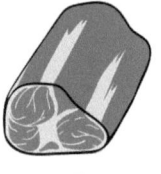

འཁྱག་ཟས།

menjar congelat

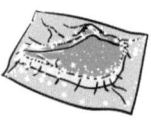

ཤ་གྲང་།

carn freda

ཀྱིན་བཙལ་པའི་ཟ་མ།

conserves

ཕྱུས་བྱལ།

detergent en pols

མངར་ཟས།

dolços

ཁྱིམ་ཆས།

articles domèstics

གཙང་སྒྲལ་གྱི་ཅ་ལག།

productes de neteja

འཚོང་ཁང་མ།

venedora

དངུལ་སྒམ།

caixa registradora

དངུལ་གཉེར།

caixera

དངོས་ཆ་ཞིབ་ཤོ།

llista de la compra

སྒོ་འབྱེད་དུས་ཚོད།

horari d'obertura

དངུལ་ཁུག

portamonedes

ཡིད་རྟོན་བྱང་བུ།

carta de crèdit

ཁུག་མ།

bossa

འགྱིག་ཕོག

bossa de plàstic

begudes

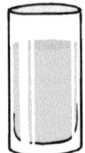

ཆུ།

aigua

ཤིལ་ཁུ།

suc

འོ་མ།

llet

ཁ་ཉག

coca-cola

རྒུན་ཆང་།

vi

སྦུར་ཆང་།

cervesa

ཆང་རིགས།

alcohol

ཀོ་ཀོབ།

cacau

ཇ།

te

ཀོཕི་ཇ།

cafè

ཀོཕི་ཇ།

espresso

ཀ་པའུ་ཙི་ནོ།

cappuccino

ངང་ལག

banana

ཀུ་ཤུ

poma

ཚ་ལུ་མ

taronja

སྐ་ཚི་ག་གོན

síndria

ལེ་མོན

llimona

ལབ་སེར

pastanaga

སྒོག་པ

all

སྤྱུག་མ

bambú

ཙོང་

ceba

ཤ་མོ

bolet

ཨུན་སྐོགས

avellanes

ཐུག་པ

fideus

རྒྱ་ཕྱེ།

espaguetis

འབྲས།

arròs

གྱང་ཚལ།

amanida

ཀྲི་པུ་སི།

patates fregides

ཡོངས་མ་སྲེག་པ།

patates fregides

པི་ཙ།

pizza

ཧེམ་རྡུ་གུ།

hamburguesa

བག་ལེབ་སནྡུ་ཝི་ཅི།

entrepà

ཤ་ཏིག་གཙོགས།

escalopa

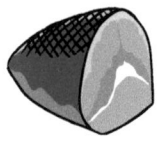

ཕག་ཤ་དུང་མ།

cuixot

ས་ལ་མི།

salami

རྒྱུ་མ།

salsitxa

བྱ་ཤ།

pollastre

སྲེག་པ།

rostit

ཉ།

peix

ལུ་གུ།
....
flocs de civada

སྨི་ཙི་ལི།
....
musli

ཨ་མོམ་ལེབ་མོ།
....
cereals

ཕྱེ་མ།
....
farina

སྐྱུང་ནུ།
....
croissant

བག་ལེབ།
....
panet

བག་ལེབ།
....
pa

བག་ལེབ་ཏིག་གཞོབས་སྒྱེག་མ།
....
torrada

སྐུར་ཤོབ
....
bescuits

མར།
....
mantega

ཆོ།
....
mató

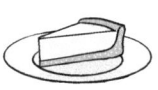

བག་ལེབ་ཤོབ་ཤོབ།
....
pastis

སྒོ་ང་།
....
ou

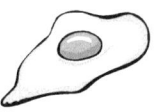

སྒོ་ང་བཙོ་བ།
....
ou fregit

ཕྱུར་བ།
....
formatge

འཁྱགས་ཞོ།
....
gelat

ཙེ་མ་ཀ་ར།
....
sucre

སྦྲང་རྩི།
....
mel

ལྟེ་མས།
....
melmelada

ཅོག་ལི་ཅན།
....
crema de xocolata

སྐ་ལེར།
....
curri

granja

གཞལ་ཁང་།
granja

སྦྲུལ་ཁང་།
graner

རྩྭ་ཐག
bala de palla

ཞིང་ས།
camp

རྟ།
cavall

འདུད་བུའི་འཁོར་ལོ།
remolc

རྟ་ཕྲུག
poltre

འདུད་འཁོར།
tractor

བོང་བུ།
ase

ལུག
xai

འདུད་འཁོར།
ovella

ར་མ།
....
cabra

བ་མོ།
....
vaca

བེའུ།
....
vedella

ཕག
....
porc

ཕག་ཕྲུག
....
garrí

གླང་།
....
bou

ངང་པ།

oca

བྱ་གག

ànec

ཕྲུག་ཕྲུག

poll

བྱ་མོ།

gall

བྱ་ཕོ།

gallina

བྱི་བ།

rata

ཞི་མི།

gat

ས་བྱི་ལིག

ratolí

བ་གླང་།

bou

ཁྱི།

gos

ཁྱི་ཁང་།

gossera

མེ་ཏོག་ལུགས་རའི་ཁང་པ།

mànega de regar

ཆུ་འདྲེན་པའི་ལྕགས་ཉེན།

regadora

ཟོར་པ།

dalla

ཐོང་གཤོལ།

arada

ཟོར་བ།

falç

འཛོར།

aixada

རྩྭ་སྐམ་གྱི་ལྭ་དཁྲག

forca

སྟ་རེ།

destral

འཁོར་ལོ་གཅིག་མ།

carretó

དམར་ས།

abeurador

འོ་རྫོ།

lletera

སོ་ལྷག

sac

ར་བ།

tanca

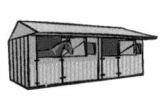

བཙན་པོ།

establa

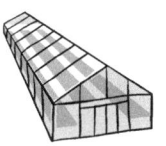

རྡོད་ཁང་།

hivernacle

ས།

sòl

འབྲུ།

llavor

ཀླུ་ལུད།

adob

མཆམ་བསྡུ་འཕུལ་འཁོར།

collidora

སྟོན་བསྡུ་བ།

collir

སྟོན་འབབ།

collita

ཉེ་སྐྱུན།

nyam

འབྲོ།

blat

ཧྲེང་ཡཱས།

soja

ཡོང་མ།

patata

མ་རྩོས་ལོ་ཏོག

blat de moro o d'indi

ཡུངས་སྟོན་དཀར་འབྲུ།

colza

ཤིང་སྟོང་།

arbre fruiter

ཉོག་ལོག་མང་མོ།

mandioca

འབྲུ་རིགས།

cereals

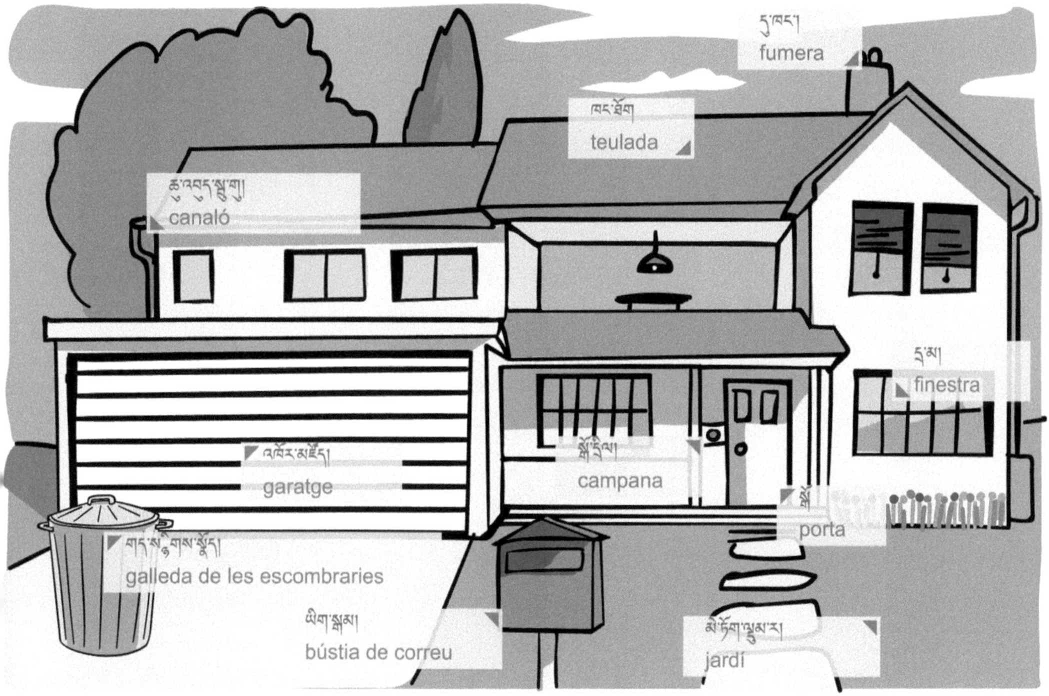

དུ་ཁུང་།
fumera

ཁང་ཐོག
teulada

ཆུ་འབུད་སྦུ་གུ།
canaló

དུ་མ།
finestra

འཕོར་མཛོད།
garatge

སྒོ་དྲིལ།
campana

སྒོ།
porta

གད་སྙིགས་གས་སྣོད།
galleda de les escombraries

ཡིག་སྒམ།
bústia de correu

མེ་ཏོག་ལྡུམ་ར།
jardí

སྐྱོད་ཁང་།
sala d'estar

འཁྲུས་ཁང་།
bany

ཐབ་ཚང་།
cuina

ཉལ་ཁང་།
cambra de dormir

ཕྲུག་པའི་ཁང་པ།
cambra de nen

ཁ་ལག་ཟ་ས།
menjador

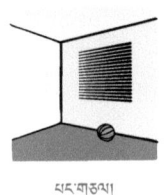

པང་གཅལ། / sòl

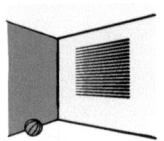

གྱང་། / paret

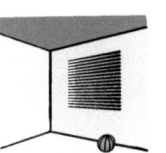

གནས་གཅལ། / sostre

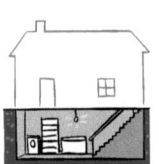

ས་དོང་། / soterrani

རྩུངས་ཁྲུས། / sauna

འཛིངས་གཡབ། / balcó

སྨས་ཞིང་། / terrassa

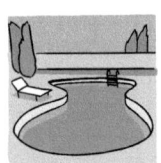

རྫིང་བུ། / piscina

རྩྭ་འབྲེག་འཕྲུལ། / tallagespa

ཞེབ་སྨོ། / vànova

ཉལ་ཁྲིའི་ཁེབས། / cobrellit

ཉལ་ཁྲི། / llit

ཕྱགས་མ། / escombra

ལ་ཅགས་ཡེས། / galleda

མཐུད་སྒོ། / interruptor

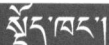
གྱང་ཤོག
paper de paret

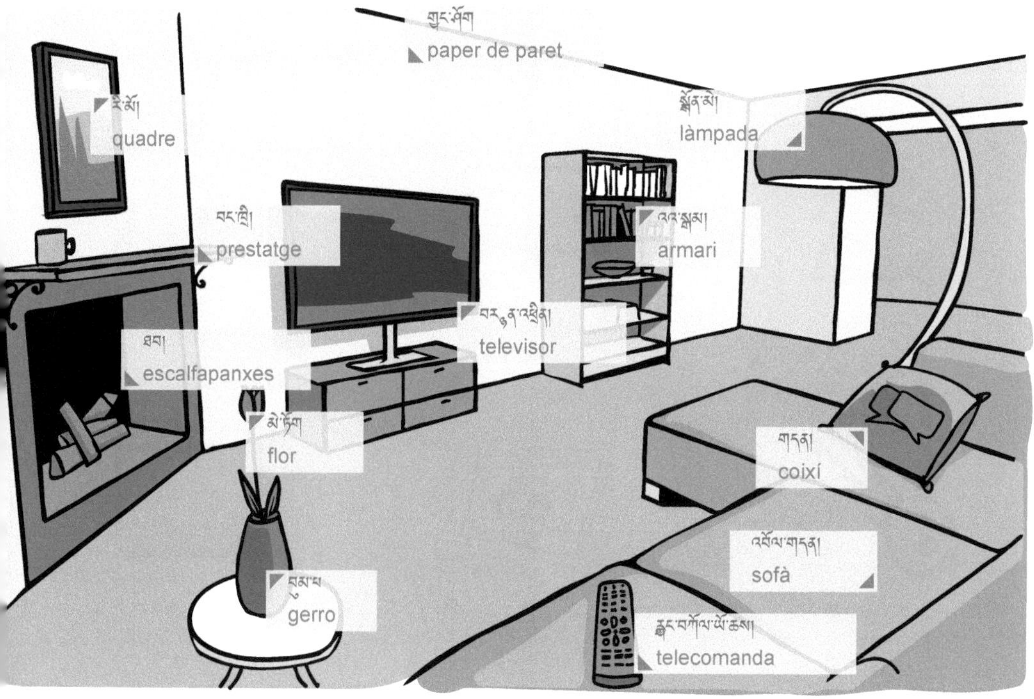

རི་མོ།
quadre

སློན་མ།
làmpada

བང་ཁྲི།
prestatge

འབ་སྒམ།
armari

ཐབ།
escalfapanxes

བར་ཙ་ན་འཕྲིན།
televisor

མེ་ཏོག
flor

སྔས།
coixí

འབོལ་གདན།
sofà

བུམ་པ།
gerro

རྒྱང་བཀོལ་ལོ་ཆས།
telecomanda

ས་གདན།

catifa

ཡོལ་བ།

cortina

ཚོག་ཙེ།

taula

རྐུབ་ཀྱག

cadira

འགུལ་འགུལ་རྐུབ་སྟེགས།

cadira gronxadora

རྐུབ་ཀྱག་ལག་འཇུ་ཅན།

cadiral

དཔེ་དེབ།
llibre

ཉལ་སྟུབ།
llençol

རྒྱན་བཀོད།
decoració

མེ་ཤིང་།
llenya

གློག་བརྙན།
film

བསྒྲིབས་བསྒྲིགས་སྒྲ་ཆས།
cadena de música

ལྡེ་མིག
clau

གསར་ཤོག
diari

ཚོན་བྲིས།
pintura

གསར་བསྒྲགས་སྒྱུར་ཡིག
cartell

རླུང་འཕྲིན།
ràdio

ཟིན་བྲིས།
bloc de notes

རྡུལ་ཕྱགས།
aspiradora

རྒྱ་ཤིང་།
cactus

ཡང་ལ།
candela

ཐབ་ཚང་།
cuina

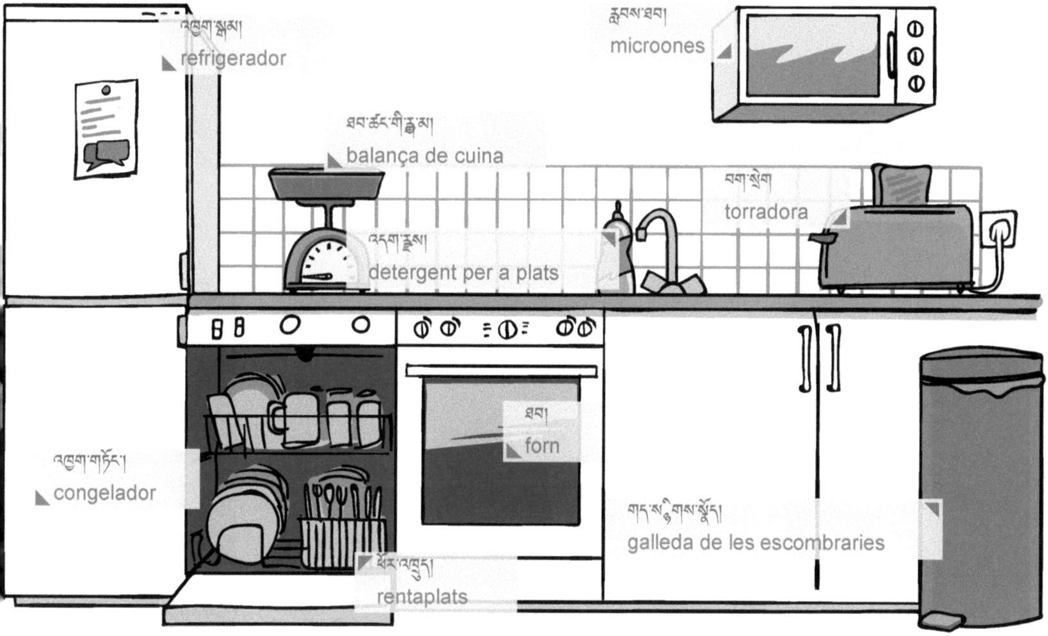
འཁྱག་སྒམ།
refrigerador
རླབས་ཐབ།
microones
ཐབ་ཚང་གི་རྒྱ་མ།
balança de cuina
བག་སྲེག།
torradora
འདག་རྫས།
detergent per a plats
ཐབ།
forn
འཁྱག་གཏོང་།
congelador
གད་སྙིགས་སྒྲོད།
galleda de les escombraries
སྡེར་འཁྲུད།
rentaplats

དབུགས་རྡིག

cuina de fogons

ཇ་འཁྱུ།

olla

ལྕགས་ཟངས།

olla de ferro colat

སླང་།

wok / karahi

ཚོད་སླང་།

paella

ཇ་ཁྱིར།

bullidor

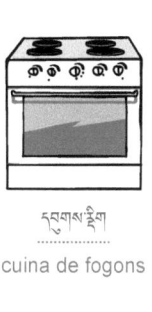

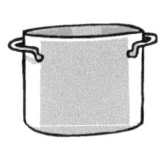

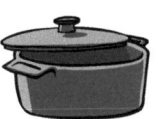

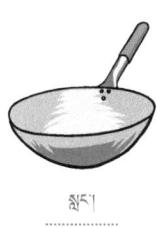

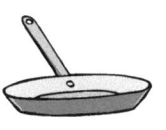

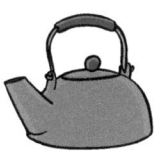

 སྨོག་ཐུ།

olla de vapor

བསྲེགས་སྡེར།

plata de forn

རྫ་ཆས།

vaixella

ཀོ་རེ།

tassa grossa

ཕོར་པ།

bol

ཐུར་མ།

bastonets xinesos

གཟར་བ།

culler

གྱི།

espàtula

དཀྲོག་ཐུར།

batedor

ཚགས་སློག།

colador

ཚགས་ཀྲུ།

sedàs

ཞིབ་ཕྱུག་འཕྱལ་འཕོར།

ratllador

སྟོག་ཅིར།

morter

ཕ་བསྲེགས།

barbacoa

མེ་སྟོགས

foc a terra

ཚོད་པད།
....
taula de tallar

སྐྱོལ་ཤིང་།
....
corró

ཁད་ན་བཙོག
....
llevataps

ལྕགས་ཀྱི་ང་
....
pot de conserva

ལྕགས་ཀྱི་ང་ཁ་འབྱེད་ཆས།
....
obridor

བོ་སྣོལ་མ།
....
agafador

ཆ་ཕུར།
....
aigüera

སྐུ་འད།
....
raspall

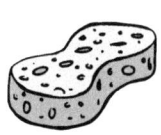

འཁྱིག་སོལ
....
esponja

སྤྱབ་དཀྱུག་འཁྱུལ་འཁོར།
....
batedora

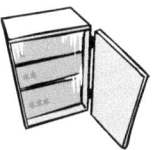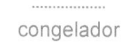

འཁྱག་ཟབ་འཁྱུལ་འཁོར།
....
congelador

ཕྱིས་པའི་ནུ་མ།
....
biberó

སྐུ་བུ།
....
aixeta

རྫུ་རྐྱངས་མའི་འཕྲོད། calefacció

ལུས་ཕྱིས། tovallola

ལུ་ཕྲུས། bany de bombolles

འཁྲུས་ཆས། dutxa

ཁྲུས་ཡོལ། cortina de dutxa

ཤེལ་ཕོར། got

ཆུ་ལུ། aixeta

འཁྲུས་གཞོང་། banyera

གོས་འཁྲུ་འཕྲུལ། rentadora

ཁབ་གཟོང་། orinal

ཐབ། rajoles

ཆུ་ཤུར། aigüera

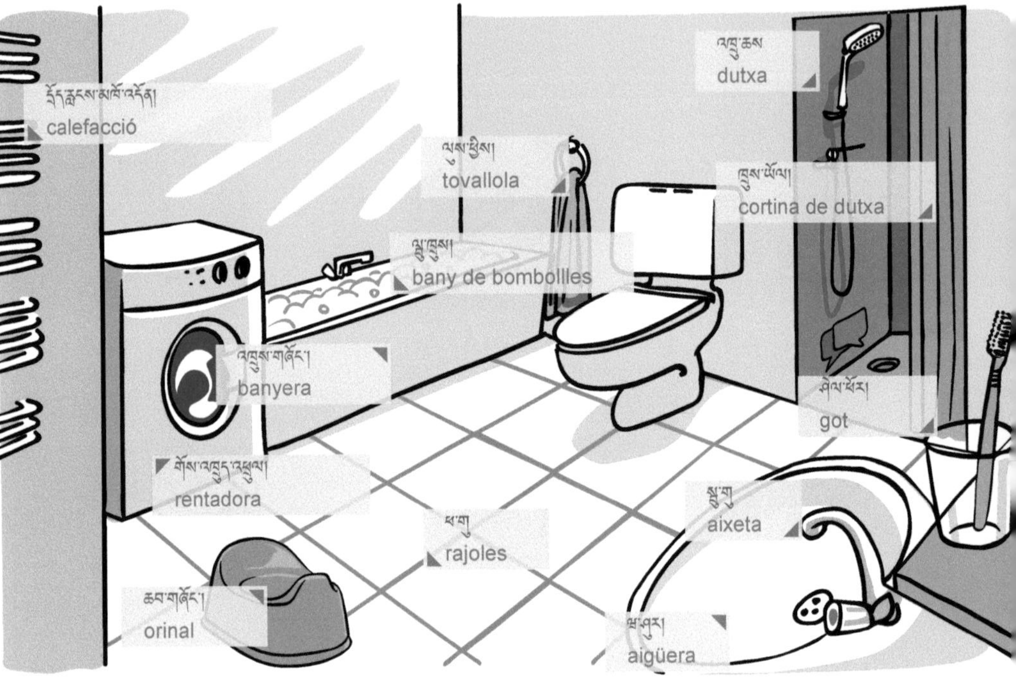

འདུག་སྤྱད་ཆབ་གཟོང་། lavabo

གསང་སྤྱོད། lavabo turc

འཁྲུས་གཞོང་། bidet

གཅིན་གཏོང་ཆས། orinador

གཙང་ཤོག paper higiènic

གསང་སྤྱོད་ཤེད། escombreta de sanitari

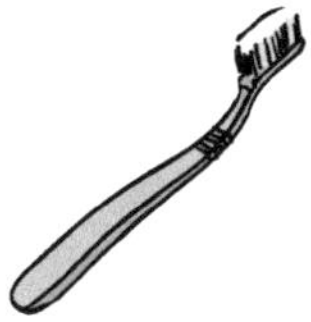

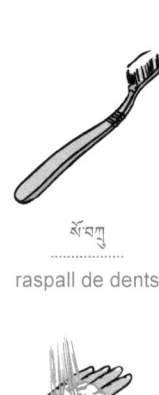

སོ་བཀྲུ

raspall de dents

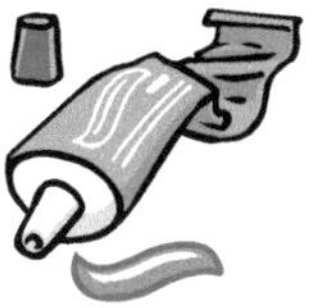

སོ་སྨན།

pasta de dents

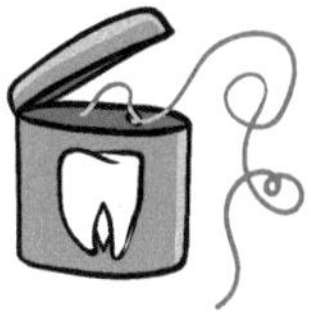

སོ་སྐུད།

fil dental

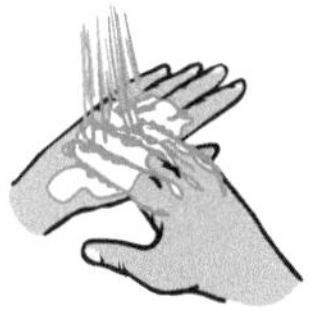

བཀྲུ་བ།

rentar

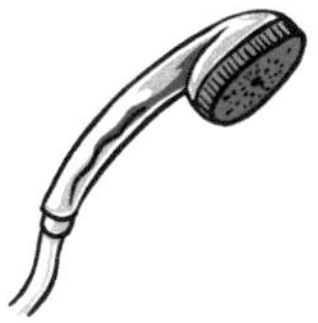

ལག་ཏུ་བཟུང་བའི་འཁྲུ་ཆས།

pom de dutxa

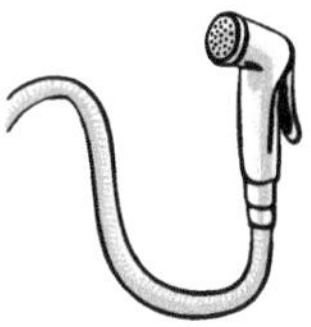

ཁྲུས།

dutxa íntima

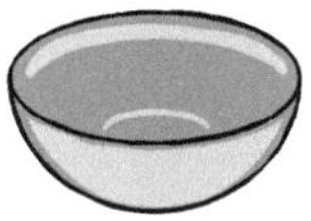

གཞོང་ས།

rentamans

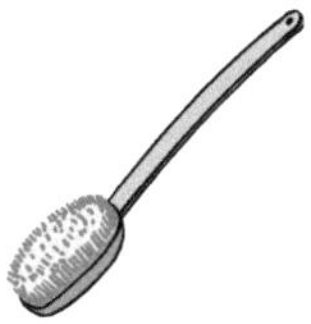

རྒྱབ་ཤད།

raspall per a l'esquena

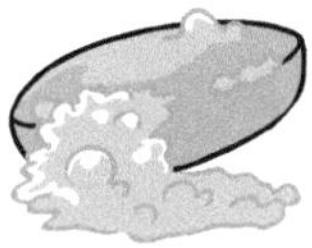

སྤྱོས་ཆལ།

sabó

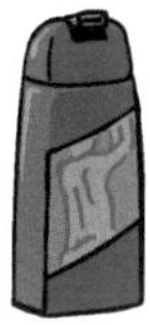

ཁྲུས་ཟིལ།

gel de dutxa

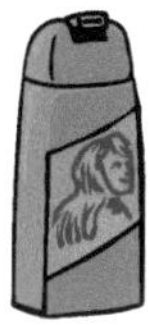

སྐྲ་འཁྲུད་ལྡེ་གུ

xampú

ཕྱ་ལན་སྤུ།

manyopla de bany

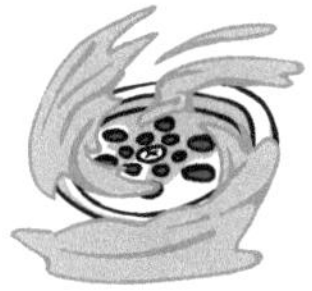

ཆུ་གཏོང་བ།

bonera

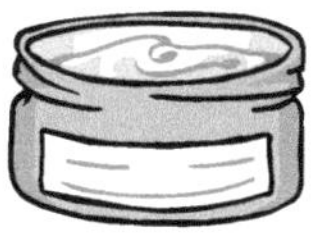

སྐྱུ་སྣུམ།

crema

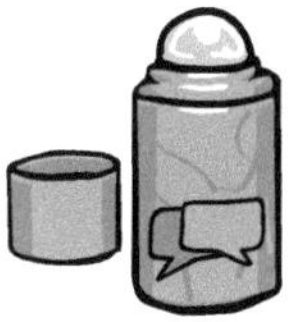

དྲི་ཞིམ།

desodorant

མེ་ལོང་།

mirall

མེ་ལོང་།

mirall-espill de mà

སྤུར་བཞར།

maquineta de rasar

བཞར་བའི་སྤུམ།

espuma de barbejar

ཁ་སྤུ་བཞར་རྗེས།

loció post-rasada

སོ་མང་།

pinta

འདད།

raspall

སྐྲ་འབུད་འཕུལ་འཁོར།

eixugador

འབྱིག་སྨན།

laca

རྣ་ཕིར།

maquillatge

མཆུ་སྐུད།

pintallavis

སེན་སྐུད།

esmalt d'ungles

བལ་སྤུར།

cotó

སེན་ཆན།

tallaungles

རྩི་དྲི་ཞིམ།

perfum

འགྱུས་ཁུག
estoig de bellesa

བཞད་ལ་ཙེ་རོར་ག
tamboret

ལུས་ཀྲ
bàscula

འགྱུས་གོས
barnús

འགྱིག་སྐྱིན་ལག་ཤུབས
guants de goma

སྨད་འཕབས
compresa higiènica

རྣེན་ཤོག
compresa

རྣས་འགྱུར་གསང་སྤྱོད
sanitari químic

བྱིས་པའི་ཁང་པ།

cambra de nen

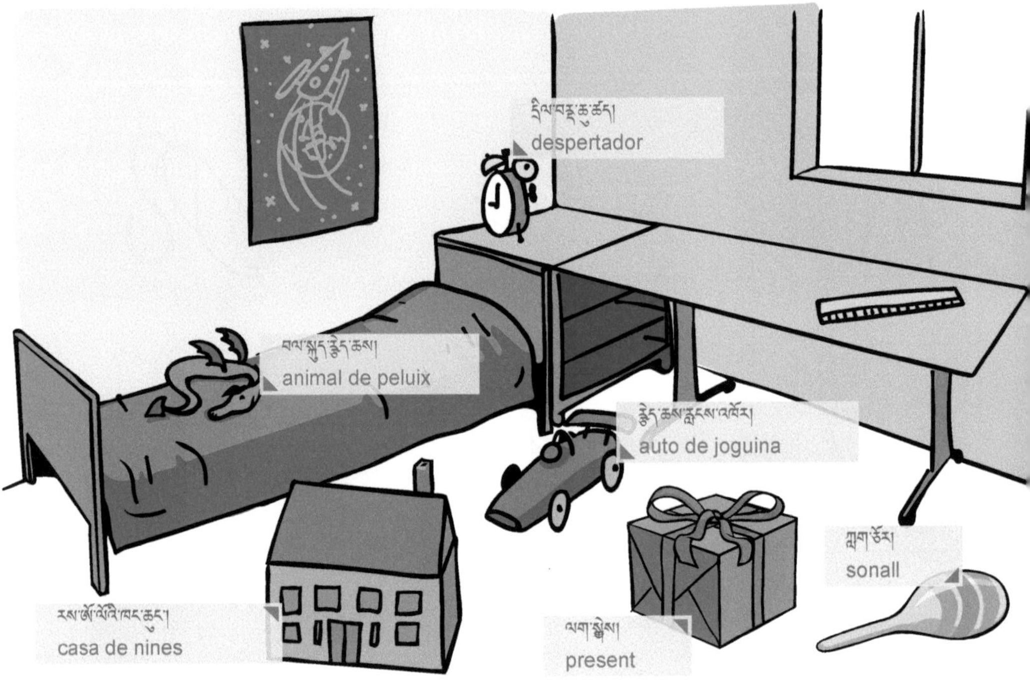

དྲིལ་བརྡ་ཆུ་ཚོད།
despertador
བལ་སྐྱུད་རྩེད་ཆས།
animal de peluix
རྩེད་ཆས་རླངས་འཁོར།
auto de joguina
ཀླག་ཅོར།
sonall
རས་ཤོ་ལོའི་ཁང་ཆུང་།
casa de nines
ལག་སྐྱེས།
present

དབུགས་ལྡང་།

baló

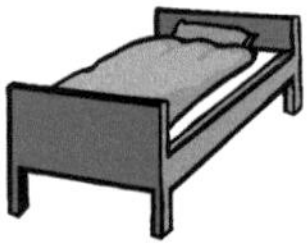

ཉལ་ཁྲི།

llit

བྱིས་པའི་འཁྱོགས་འཁོར།

cotxet per a nens

ཤོག་སྦག

joc de cartes

རིས་བསྒྲིག་རྩེད་ཆས།

trencaclosca

SUPER
MEGA

རྒྱུ་འབྲེལ་རི་མོ།

historieta

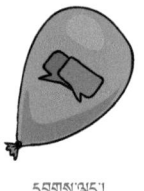

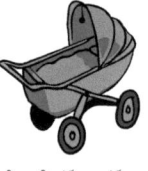

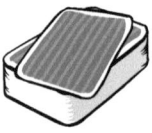

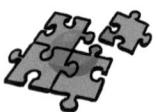

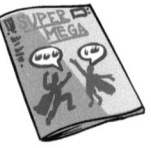

ལེ་གོ།
....
peces de lego

བཀྲེག་ཤིང་།
....
peces de construcció

དཔིནས་འགུར་འཕུལ་མི།
....
ninot d'acció

ཞིའུ་ནར་སོན།
....
granota

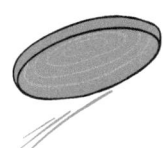

འཕུར་སྒྱིར།
....
frisbee

སྐྱལ་བའི་རྣམ་པ།
....
mòbil per a bressol

མིག་མངས་ཀྱི་རོལ་རྩེད།
....
joc de taula

སོ་རྩེད།
....
daus

དཔེ་རྙིངས་མེ་འཁོར།
....
tren elèctric

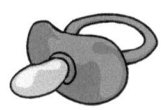

རྣུས་མ།
....
xumet

འདུ་ཚོགས།
....
festa

རི་མོའི་དཔེ་དེབ།
....
llibre de dibuixos

པོ་ལོད།
....
pilota

རས་ཨོ་ལོ།
....
nina

རྩེད་མོ་རྩེ་བ།
....
jugar

བྱེ་དོང་།

sorrera

འཕྱང་རྫང་།

gronxador

རྩེད་ཆས།

joguines

རྩེད་འཁྲུལ།

consola de jocs de vídeo

འཁོར་གསུམ་འཁོར་ལོ

tricicle

ཐའི་ཏྲིའུ་ཞུང་།

osset de peluix

གོས་སྒམ།

armari

གྱོན་ཆས།

roba

རྐང་ཤུབས།

mitjons

ཨུམ་སུ་ལུ།

mitges

རྐང་ཤུབས།

mitja pantaló

སྐེ་དཀྲིས།
tapacoll

གདུགས།
paraigua

སྟོད་ཐུང་།
camiseta

རྙོང་ཆ།
cintura

ལྷྭམ།
botes

བསིལ་ལྷྭམ།
plantofes

རྩེད་སྟོང་གི་ལྷྭམ།
sabates d'esport

འདྲུད་ལྷྭམ།
sandàlies

ལྷྭམ།
sabates

འགྱིག་ལྷྭམ།
botes de goma

ཨང་རག
calçonets

ནུ་ཁེབས།
sostenidor

རྩ་ལ་ཕེན།
guardapits

བ་རྡི་བི་སྒྱོན་ཆས།

jjustacòs

རྐུབ་ཅེ།

pantalons

འཇིན།

jeans

སྨད་གཡོགས།

faldeta

འོག་འཇུག

brusa

སྟོད་ཐུང་།

camisa

བལ་གོས།

jersei

ཞུ་ལྭ།

dessuadora

སྐྱེད་གོས་སྟོད་ལེ།

blazer

རྫ་ཀེ་ཊི།

jaqueta

སྟོད་གོས།

mantell

ཆར་གོས།

impermeable

སྒྱོན་ཆས།

vestit de dona

སྒྱོད་གོས།

vestit de dona

བག་གོས།

vestit de núvia

དུག་སློག

vestit d'home

ཉལ་གོས

camisa de dormir

ཉལ་གོས

pijama

ས་རི

sari

མགོ་དཀྲིས

mocador de cap

ཐོད་དཀྲིས

turbant

ཐོབ་ལྭ

burca

ཀ་ཧྥ་ཏན

caftan

ཨ་བ་ཡ

abaia

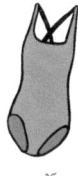

རྒྱལ་གོས

vestit de bany

ཕྱད་ཁོག

calçon(et)s de bany

དོར་ཐུང

pantalons curts

ལུས་རྩལ་གློན་ཆས

xandall

པང་གདན

davantal

ལག་ཤུབས

guants

སྐོག་གུ།
....
botó

མིག་ཤེལ།
....
ulleres

ལག་གདུབ།
....
braçalet

སྐེ་རྒྱན།
....
collaret

ཅིགས་ཞེབས།
....
anell

རྣ་ལོང་།
....
orellera

ཞྭ།
....
casquet

གོས་རྟིང་།
....
penjador

གུས་ཞྭ།
....
capell

གོང་དཀྱིས།
....
corbata

འཇེན་སྐོག
....
cremallera

རྨོག
....
casc

དཔུང་ཁྲབ།
....
elàstics

སློབ་གོས།
....
uniforme escolar

ཁྲིག་ཆས།
....
uniforme

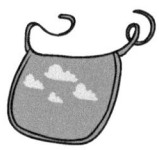

ལྐྲ་ཁེབས།

pitet

རྣུས་མ།

xumet

ཆུ་གདན།

bolquer

ལས་ཁུངས།

oficina

གསལ་ཡིན་པ།
servidor
ཡིག་ཆའི་སྒམ།
armari arxivador
ཡིག་དཔར་ཆས།
impressora
ཤོག་བུ།
paper
འཆར་ཤེལ།
monitor
ཙིག་པར་ཙུ་ན།
ratolí
ཅོག་ཙེ།
escriptori
ཡིག་ཁུག
arxivador
འཐེབ་གནོང་།
teclat
གད་སྙིགས་སྣོད།
paperera
གློག་ཀླད།
ordinador
རྐུབ་ཀྱག
cadira

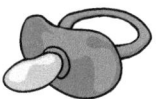

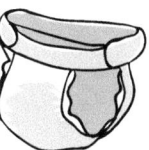

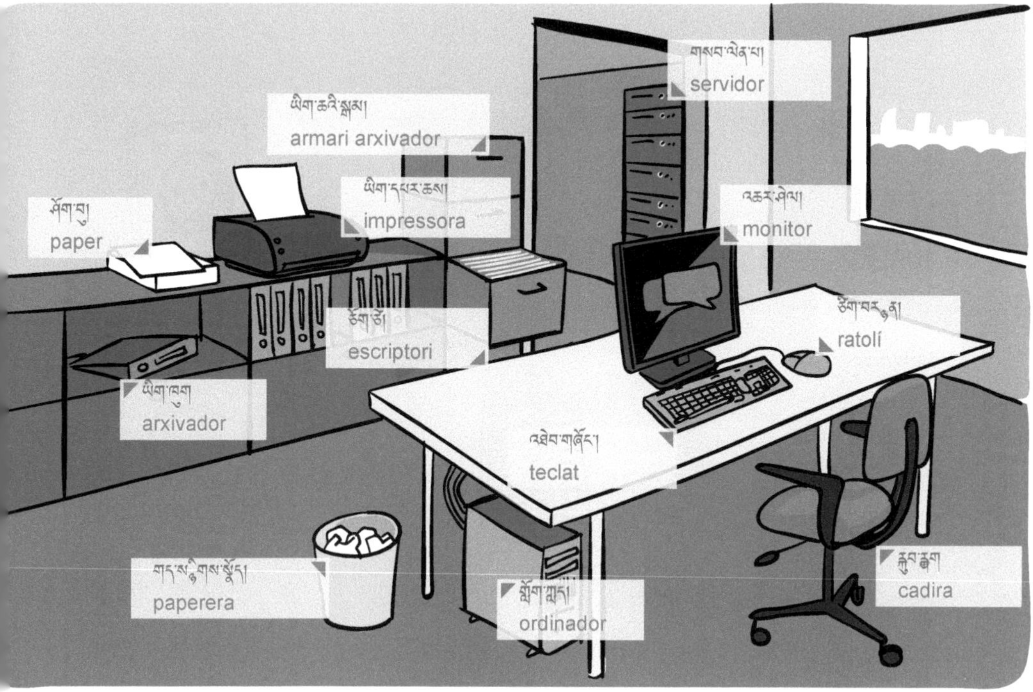

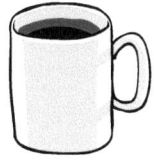

ཚིག་ཇ་ཀོ་རེ།

tassa de cafè

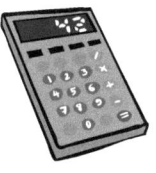

ཨང་རྩིས་འཕྲུལ་བྱེད།

calculadora

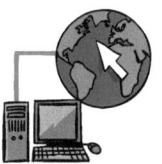

དྲ་རྒྱ།

Internet

ལག་འཁྱེར་སློག་ཀླུད།

ordinador portàtil

ཡི་གེ

lletra

འཕྲིན་ཕྲད།

missatge

ལག་འཁྱེར་ཁ་པར།

mòbil

དྲ་ལམ།

xarxa

བཟླ་དཔར་ཆས།

fotocopiadora

མཉེན་ཆས།

programari

ཁ་པར།

telèfon

སྐུར་གདངས།

presa de corrent

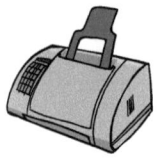

རྒྱུད་འབོར།

fax

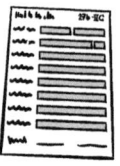

རེན་ཤོག

formulari

ཡིག་ཆ།

document

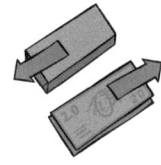

ཉོ།

comprar

དངུལ་སྤྲོད་པ།

pagar

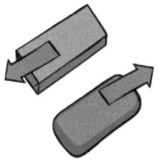

ཚོང་རྒྱག་པ།

comerciar

སྒོར་མོ།

diners

ཨ་སྒོར།

dòlar

ཡོ་སྒོར།

euro

རི་གོར།

ien

རུབ་སྙེས།

ruble

སུའི་ཙེར་གྱི་ཧྲ་རན་སྦི་སྒོར་མོ།

franc suís

རྒྱ་ནག་གི་སྒོར་མོ།

renminbi

ལའི་པི།

rupia

ལག་དངུལ་གྱི་གནས།

caixa automàtica

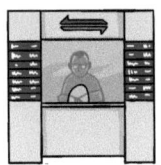

བརྗེ་འགྱུར་ལས་ཁུངས།

oficina de canvi

གསེར།

or

དངུལ།

argent

སྣུམ།

petroli

ནུས་ཤུགས།

energia

རིན་གོང་།

preu

གན་རྒྱ།

contracte

དཔྱ་ཁྲལ།

impost

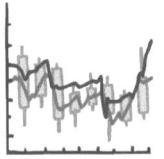

ཚོང་ཤོག

acció

ལས་ཀ་བྱེད་པ།

treballar

ལས་བྱེད་པ།

treballador

ལས་ཀ་སྤྲོད་མཁན།

empresari

བཟོ་གྲྭ།

fàbrica

ཚོང་ཁང་།

botiga

ཉེན་རྟོག་དམག་མི།
oficial de policia

མེ་གསོད་དམག་མི།
bomber

 གནམ་གྲུའི་ཁ་ལོ་བ།
pilot

སྨན་པ།
cuiner

སྨན་པ།
doctora

ལུས་ར་པ།
jardiner

ཤིང་བཟོ་བ།
fuster

ཚེམ་མཁན་མ།
costurera

ཁྲིམས་དཔོན།
jutge

རྫས་སྦྱོར་མཁས་པ།
química

གློག་བརྙན་འཁྲབ་སྟོན་པ།
actor

ཁ་ལོ་བ།

conductor d'autobús

སྐྱི་ཚག་སྣུམ་འཁོར་ཁ་ལོ་བ།

taxista

ཉ་པ།

pescador

གཙང་སྦྲ་བྱེད་མཁན།

dona de la neteja

ཁང་ཕིབ་བཟོ་མཁན།

ensostrador

ཞབས་ཞུ་བ།

cambrer

རྔོན་པ།

caçador

ཚོན་རྩི་གཏོང་མཁན།

pintor

བག་ལེབ་འཚོ་མཁན།

forner

གློག་བཟོ་མཁན།

electricista

ཨར་ལས་པ།

obrer de la construcció

ཨར་ལས་འཆར་འགོད་པ།

enginyer

བཤན་པ།

carnisser

ཆུ་ལས་བཟོ་སྐྲུག་པ།

llanterner

ཡིག་སྐྱེལ་བ།

correu

ལས་རིགས། - oficis

དམག་མི།
....
soldat

ཨར་ལས་པ།
....
arquitecte

དངུལ་གཉེར།
....
caixera

མེ་གསོད་མཁན།
....
florista

སྐྲ་བཟོ་མཁན།
....
perruquer

སྐུ་འདྲེན།
....
revisor

བཟོ་ལས་པ།
....
mecànic

འགོ་བྱེད།
....
capità

སོའི་སྨན་པ།
....
dentista

ཚན་རིག་པ།
....
científic

འཇིའུ་སློབ་དཔོན།
....
rabí

ཨི་མམ།
....
imam

གྲྭ་པ།
....
monjo

ཆོས་དོན་གཉེར་མཁན།
....
capellà

eines

ৰ্তৰা
martell ◄

ৰ্হৰি'ট্টিন্'ক্লুমা'মা
▲ **tenalles**

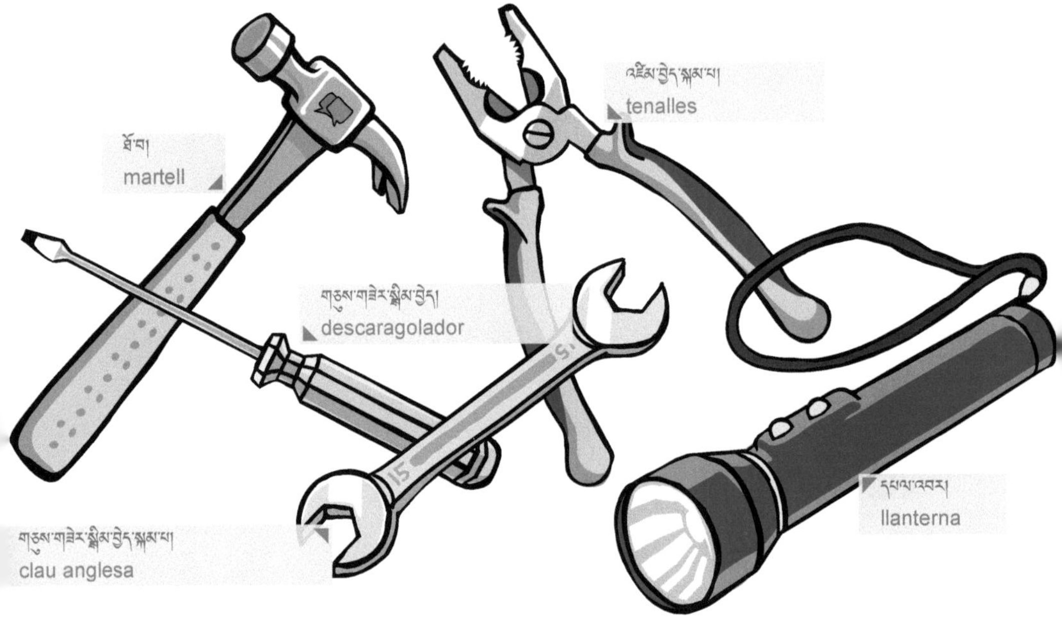

নাঙ্কমা'নাৰ্ৱিম'ক্ষ্ণমা'ট্টিন্।
▲ **descaragolador**

নাঙ্কমা'নাৰ্ৱিম'ক্ষ্ণমা'ট্টিন্'ক্লুমা'মা
clau anglesa

ন্যমা'ৰ্ৱমম্
llanterna ◄

ষ্ট্রীনা'মানবা
excavadora

ষ্ট্রীন্·ক্রমা'ক্লুমা
caixa d'eines

ৰ্হ্রিমামা'ক্লুমা
escala

ৰ্ৰমা'মা
serra

ন্নুমামা'নাৰ্ৱিম
claus

ৰ্ৱৰীমামা'মার্মৰি'ৰ্ণমম্মা'ৰ্ণৰ্ৱমা
trepant

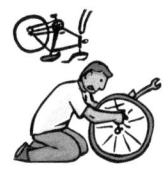

བཟོ་བཅོས་རྒྱག་པ།

reparar

སྒྱག་མ།

pala

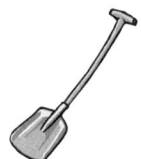

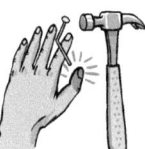

ཨ་མའི་ཤ།

Maleït siga!

གད་གཉིགས་གཡུགས་བྱེད་ལྕགས།

pala

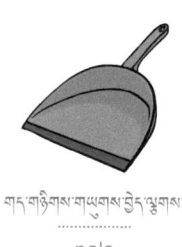

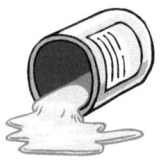

སྣུམ་རྫོ།

pot de pintura

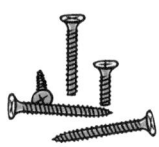

གཅུས་གཟེར།

caragols

རོལ་ཆས།

instrument de música

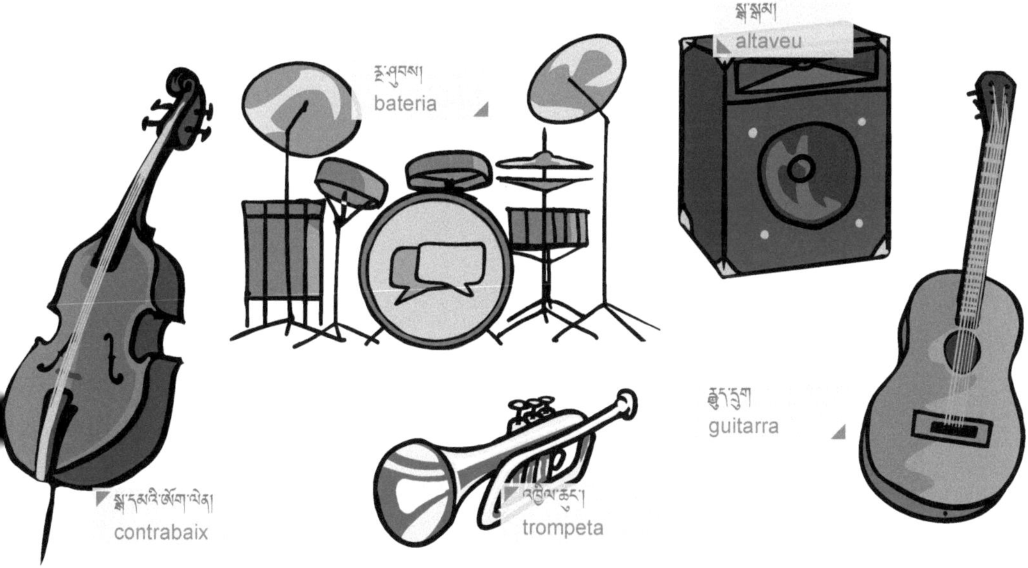

རྔ་ཤུབས།
bateria
སྒྲ་སྒྲམ།
altaveu
རྒྱུད་དྲུག
guitarra
སྒྲ་དམའི་ཤོག་ལེན།
contrabaix
འབྲེལ་ཆུང་།
trompeta

 རྡོ་སྙིད།

piano

འདེགས་ཆུང་།

violí

སྒྲ་གདངས་དམའ་བ།

baix

སྒྲ་སྙིག་རྟ་པ།

timbal

རྔ།

tambor

མཐེབ་གཞོང་།

teclat

ཕག་མེ་སྟོན།

saxofon

འཕེད་སྒྱིང་།

flauta

སྐད་སྒྲོག

micròfon

58   རོལ་ཆས། - instrument de música

གཅན་གཟིག་ཁང་།

ZOO

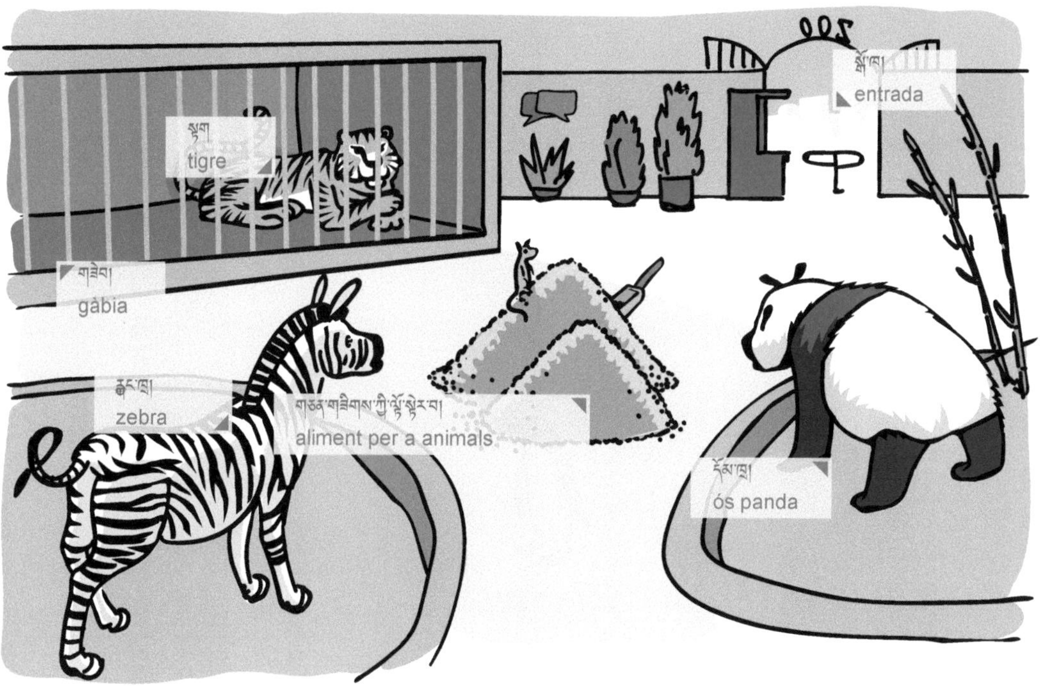
སྟག།
tigre
གཟེབ།
gàbia
རྟ་ཁྲ།
zebra
གཅན་གཟིགས་ཀྱི་ལྟོ་སྐྱེར་བ།
aliment per a animals
སྒོ་ཁ།
entrada
དོམ་ཁྲ།
ós panda

སྲོག་ཆགས

animals

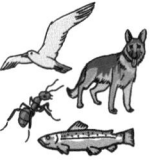

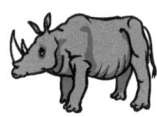

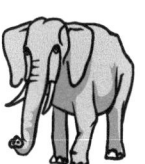

གླང་ཆེན།

elefant

ཀངྒ་རུ།

cangurú

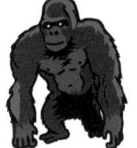

བསེ་རུ།

rinoceront

མི་རྒོད།

goril·la

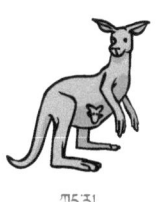

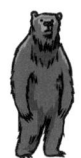

དོམ།

ós

རྔ་མོང་།
camell

རྔ་མོང་བྱ་ཆེན།
estruç

སེང་གེ།
lleó

སྤྲེའུ།
simi

ངང་པའི་རྒྱལ་པོ།
flamenc

ནེ་ཙོ།
papagai

དོམ་དཀར།
ós polar

བྱ་ཆེན་པེད་གུན།
pingüí

ཉ་ཆེན་མཆུ།
ca mari

རྨ་བྱ།
paó

སྦྲུལ།
serp

རྒྱ་སྦྲུལ།
cocodril

གཅན་གཟན་ཁང་གི་གཉེར་མཁན།
guardià del zoo

མཚོ་གླང་།
foca

གཅན་གཟན་གུང་།
jaguar

ཡུལ་རྟ།

poni

གཟིག

lleopard

མ་ཚོ་ཐག

hipopòtam

སྒྲོག་ལེ་རིང་།

girafa

ཁྲ།

àliga

ཕོ་ཐག

senglar

ཉ།

peix

རུས་སྦལ་ལ།

tortuga

ཕྱོལ་རབ།

morsa

ཝ་མོ།

guineu

དགོ་བ།

gasela

ཨ་རིའི་རྐང་རྩེད་སྤོ་ལོ།
futbol americà

རྣམ་སྐྱ་རི་ལ་བཞོན་པ།
ciclisme

ཐེ་ནི་སི།
tenis

ལན་ཆེའི་སྤོ་ལོ།
bàsquet

ཆུ་སྐྱལ་བ།
natació

གྲི་ཁུག་སོང་།
boxa

ཐུག་གིའི་རི།
hoquei sobre gel

རྐང་རྩེད་ཕོ་ལོ།
futbol americà

བྱ་སྒྲོའི་སྤོ་ལོ་འཕེན་རྩེད་མོ།
bàdminton

ལུས་རྩལ་ལས་འབལ།
atletisme

ལག་རྩེད་ཕོ་ལོ།
handbol

གངས་ཤུད་ལ་ལེབ།
esquí

ཕོ་ལོ།
polo

བྱེད་ལས།

activitats

མཆོང་བ།
saltar
འཐམ་འཁྱུད་བྱེད་པ།
abraçar
གད་མོ་དགོད་པ།
riure
གོམ་པ་རྒྱག་པ།
anar
གླུ་ལེན་པ།
cantar
རྨི་ལམ་སྨྲོང་བ།
somiar
གསོལ་བ་འདེབས་པ།
pregar
འོ་བྱེད་པ།
fer un petó

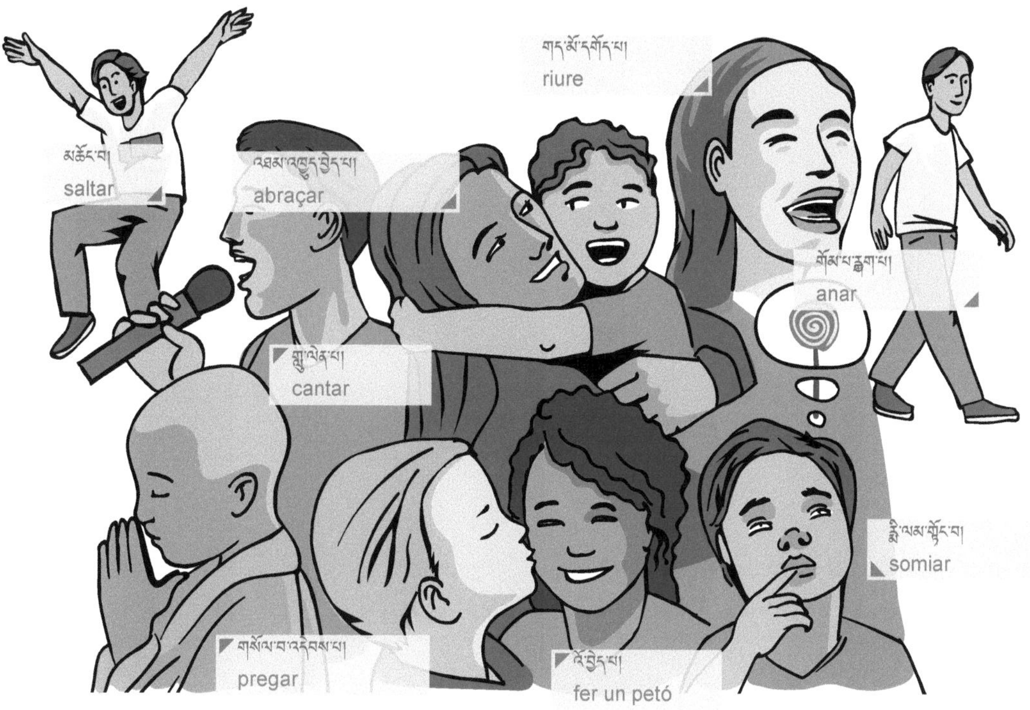

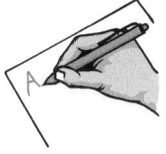

འབི་བ།

escriure

འབྲི་བ།

dibuixar

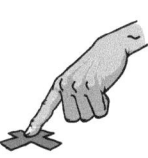

མིག་ལ་སྟོན་པ།

mostrar

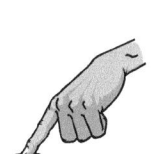

འབུད་རྒྱག་གཏོང་བ།

pitjar

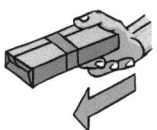

སྤྲོད་པ།

donar

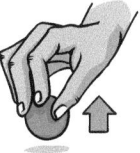

ལེན་པ།

prendre

ཡོད།

tenir

བྱེད།

fer

ཡིན།

ésser

ལངས་པ།

estar dret

རྒྱུག་པ།

córrer

འཐེན་པ།

estirar

འཕེན་པ།

llançar

ལྷུང་བ།

caure

ཤུལ་བ།

jeure

སྒུག་པ།

esperar

འཁྱེར།

portar

བར་སྐྱོད་པ།

asseure's

གྱོན་པ།

vestir-se

གཉིད་ཁུག་པ།

dormir

ཡར་ལངས་པ།

despertar-se

སློབ་པ།

mirar

དུ་བ།

plorar

གོན་པ་གློན་པ།

amoixar

སྐྲ་འད་པ།

pentinar

སྐད་ཆ་ཤོད་པ།

parlar

རྟོགས་པ།

comprendre

དྲི།

demanar

ཐོས་པ།

escoltar

འཐུང་།

beure

ཟ།

menjar

ལེགས་སྐྱིག

endreçar

དགའ་བ།

estimar

བཙོ་བ།

cuinar

རླངས་འཁོར་གཏོང་བ།

conduir

འཕུར་བ།

volar

རྒྱ་མཚོར་སྐྱོད་པ

navegar

རྩིས་རྒྱག་པ།

calcular

སློག་པ།

llegir

སློབ་སྦྱོང་བྱེད་པ།

aprendre

ལས་ཀ་བྱེད་པ།

treballar

གཉེན་སྒྲིག་བྱེད་པ།

casar-se

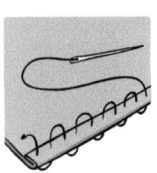

འཚེམ་པ།

cosir

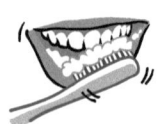

སོ་འཁྲུས།

raspallar-se les dents

གསོད་པ།

matar

འདུབ་འཐེན་པ།

fumar

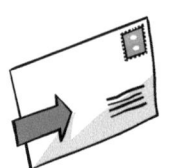

གཏོང་བ།

enviar

família

 རྨོ་མོ།
àvia

ཕོ་ཕོ།
avi

ཨ་པ།
pare

ཨ་མ།
mare

ཁྱེས་པ།
nadó

བུ་མོ།
filla

བུ་ཕྲུག
fill

མགྲོན་པོ།

convidat

ཨ་ནེ།

tia

ཨ་ཞང་།

oncle

ཕ་སྤུན།

germà

ཨ་ཆེ།

germana

cos

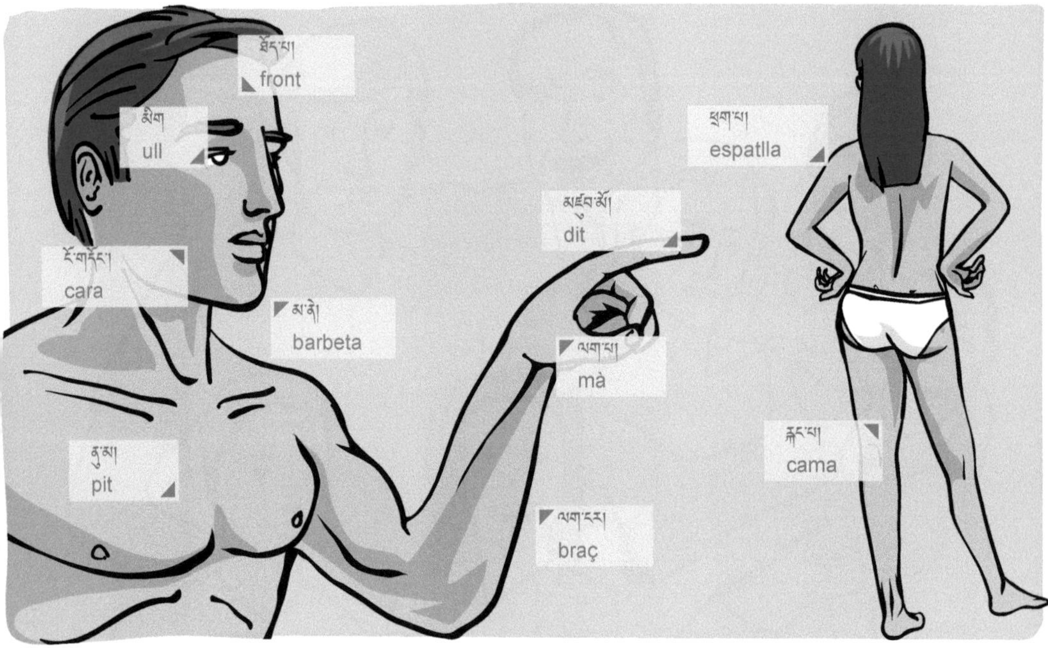

ཕྱིད་པ།
front

ཨིག
ull

རོ་གདོང་།
cara

ཨ་ནེ།
barbeta

ནུ་མ།
pit

མཛུབ་མོ།
dit

ལག་པ།
mà

ལག་ངར།
braç

ཕྲག་པ།
espatlla

རྐེད་པ།
cama

ཕྲིས་པ།
nadó

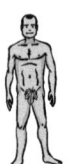

སྐྱེས་པ
home

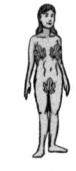

བུད་མེད།
dona

བུ་མོ།
noia

བུ།
noi

མགོ
cap

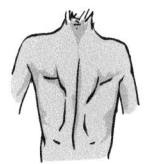

སྒལ་པ།

esquena

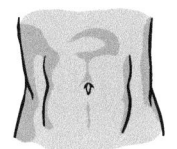

ཁོག་པ།

panxa

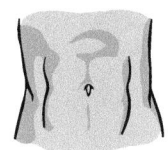

ལྟེ་བ།

melic

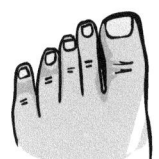

རྐང་མཐེབ།

dit gros del peu

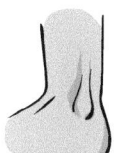

རྟིང་ཀ།

taló

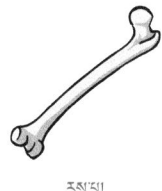

རུས་པ།

os

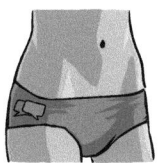

དཔྱི་མགོ།

maluc

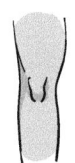

པུས་མོ།

genoll

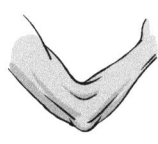

གྲུ་མོ།

colze

སྣ།

nas

རྐུབ།

cul

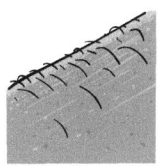

པགས་པ།

pell

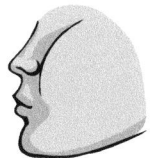

ཏོ་གདོང་།

galta

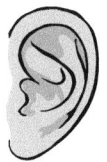

རྣ་མཆོག

orella

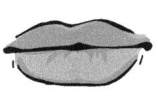

མཆུ།

llavi

ཁ་

boca

སོ།

dent

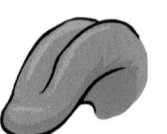

ལྕེ།

llengua

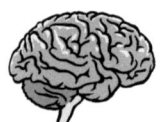

ཀླད་པ།

cervell

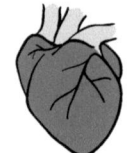

སྙིང་།

cor

ཤ་གནད།

múscul

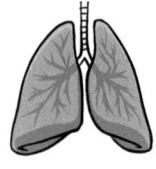

གློ་བ།

pulmó

མཆིན་པ།

fetge

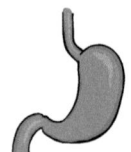

གྲོད་པ།

estómac

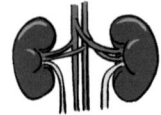

མཁལ་མ།

ronyó

འཁྲིག་སྤྱོད།

relació sexual

སྲུང་ཤུབས།

preservatiu

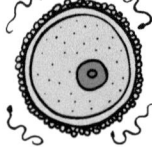

ཁམས་དཀར།

ovari

ཁམས་དཀར།

semen

སྦྲུམ་མའི་གནས་སྐབས།

prenyat

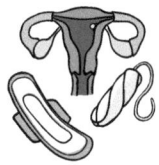

ཟླ་མཚན།

menstruació

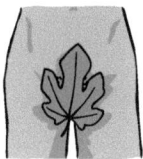

སྐྱེ་སྒོ།

vagina

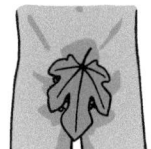

ཕོ་མཚན།

penis

སྨིན་མ།

cella

སྐྲ།

cabells

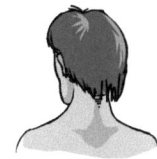

སྐེ།

coll

hospital

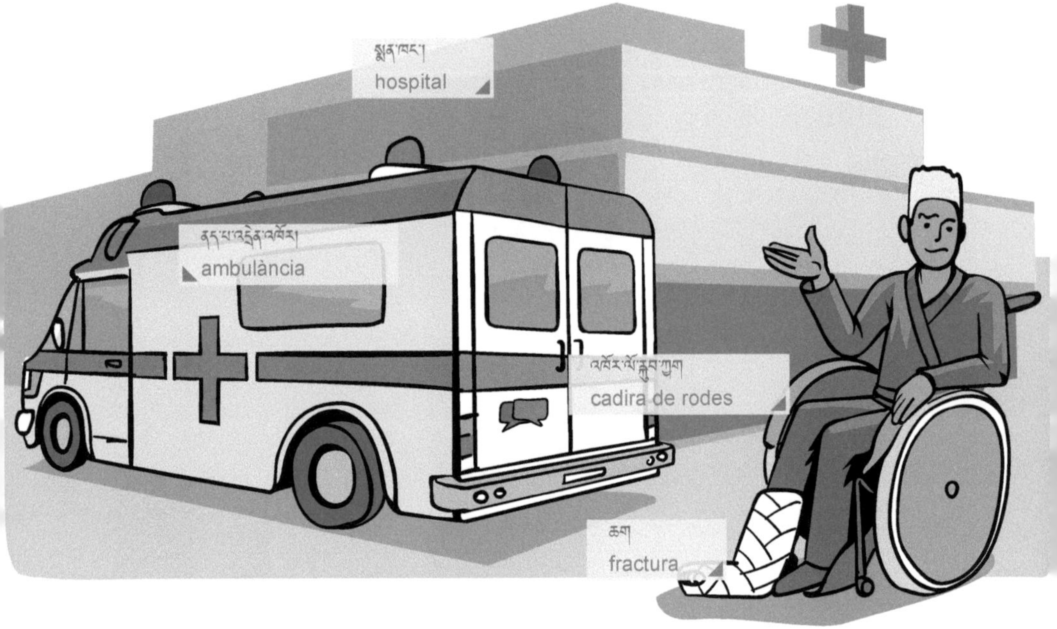

 སྨན་ཁང་།
hospital

དྲག་པ་འདྲེན་འཁོར།
ambulància

འཁོར་ལོ་རྐུབ་ཀྱག
cadira de rodes

ཆག
fractura

སྨན་པ།

doctora

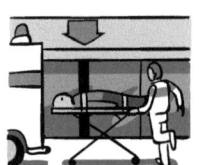

མྱུར་སྐྱོབ་ཁང་།

sala d'urgències

ནད་གཡོག

infermera

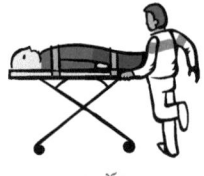

མྱུར་སྐྱོབ།

urgència

དྲན་པ་འཐོར།

inconscient

ཟུག་རྔུ།

dolor

སྐྲོན།
ferida

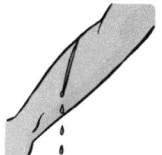

ཁྲག་བཞུར་བ།
sagnament

སྙིང་ཁྲག་དཀགས་པ།
atac de cor

གཟར་ཐོག
apoplexia

ཚམས་ཚི།
al·lèrgia

གློ་རྔུག་པ།
tos

ཚ་བ་རྒྱས་པ།
febre

ཚམས་རིམས།
gripa

བཤལ་ནད།
diarrea

མགོ་ན།
mal de cap

སྐྲན་ནད།
càncer

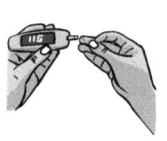

གཅིན་སྙི།
diabetis

གཤག་གཅོད་སྨན་པ།
cirurgià

གཤག་བཅོས་གྲི།
escalpel

བཀོལ་སྦྱོད།
operació

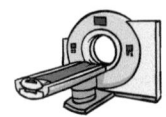

CT ཞིབ་བཤེར།
....
tomografia computada (TC), TAC

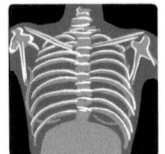

གློག་དཔར།
....
raigs x

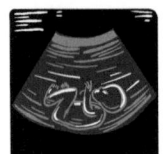

བརྐལ་སྒྲའི་གློག་དཔར།
....
ultrasò

རྡོ་ཞིབས།
....
mascareta

ནད།
....
malaltia

སྒུག་ཁང་།
....
sala d'espera

ཞ་པོའི་འཁར་ཤིང་།
....
crossa

ཐབ་རྒྱག
....
tireta

རྐྱེན་དཀྲིས།
....
embenat

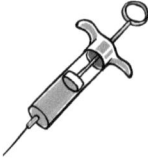

ཁབ།
....
injecció

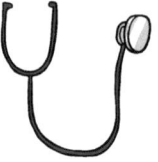

ནད་ཞིབ་ཅན་སྒྲ་འཕུལ་ཆས།
....
estetoscopi

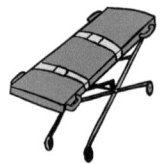

འགྲོག་འཕུང་།
....
llitera

ཚ་དྲག་སྟེས་ཆས།
....
termòmetre clínic

སྐྱེ་བ།
....
pariment

ལྡིར་བརྐལ།
....
sobrepès

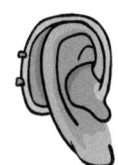

 རྣ་བའི་ལྷོ་བྱེད།

aparell auditiu

དུག་སེལ་སྨན་རྫས།

desinfectant

འགོ་བ།

infecció

དུག་སྲིན།

virus

ཨེ་ཙི་ནད་དུག

VIH / SIDA

སྨན།

medicina

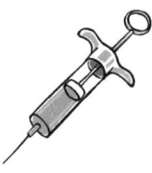

སྤྲིན་འབོག་སྨན་ཁབ།

vaccí

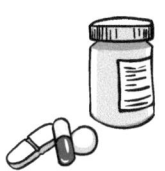

སྨན་རིལ།

comprimits

སྨི་འབོག་སྨན།

píl·lola

སྐུར་སྐྱོག་འབོད་པ།

trucada d'urgència

ཁྲག་གནོན་སྐུལ་ཚད།

tensiòmetre

ནད་པ་བདེ་པོ་གཟུགས་པོ།

malalt / sà

སྐྱོབ་སྐྱོབ་ཡ།
Socors!

ཉེན་བརྡ།
alarma

ཁྲོལ་འཛིངས།
assalt

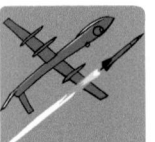

བཙན་རྫོལ།
atac

ཉེན་ཁ།
perill

བྲེལ་སྐྱུར་ཕོན་སྒོ།
sortida-eixida d'urgència

མེ།
Foc!

མེ་གསོད་ཡོ་བྱད།
extintor

འཁྲུལ་ཉེན།
accident

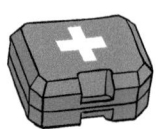

སྐྱུར་སློབ་སྨན།
farmaciola de primers
auxilis

ཚེ་སྲོག་སློབ་བས།
SOS

ཉེན་རྟོག་པ།
policia

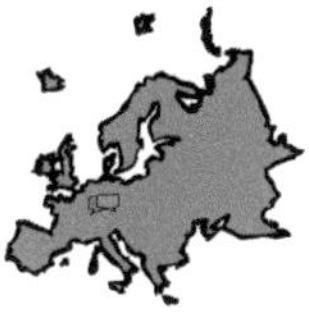

ཡོ་རོབ།

Europa

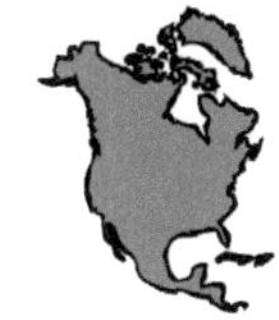

ཨ་མེ་རི་ཀའི་བྱང་མ།

Amèrica del Nord

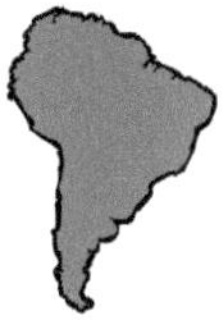

aམེ་རི་ཀའི་ལྷོ་མ།

Amèrica del Sud

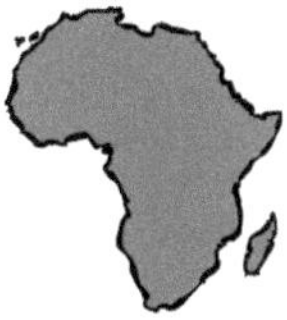

ཨ་ཧྥེ་རི་ཀ།

Àfrica

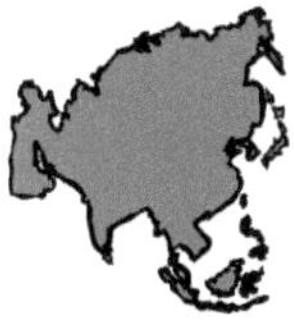

ཨེ་ཤེ་ཡ།

Àsia

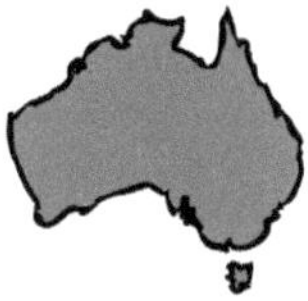

ཨོ་སི་ཀྲོལ་ལི་ཡ།

Austràlia

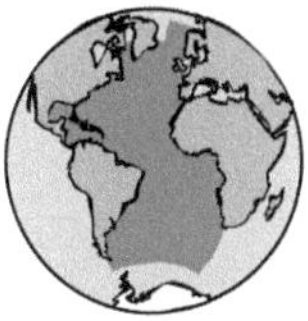

ནུབ་ཆེན་རྒྱ་མཚོའི་

Atlàntic

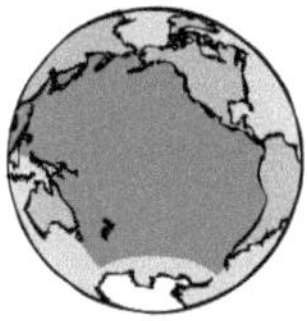

ཞི་བདེའི་

Pacífic

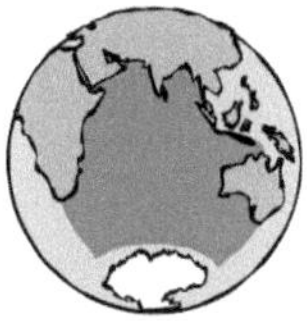

རྒྱ་གར་རྒྱ་མཚོ།

Oceà Índic

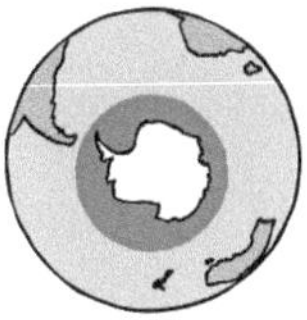

ལྷོ་སྣེའི་རྒྱ་མཚོ།

Oceà Antàrtic

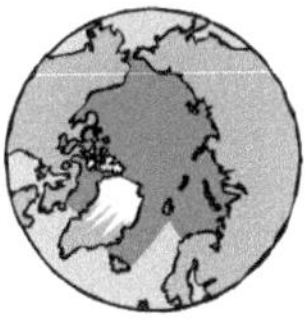

གླིང་སྣེ་བྱང་མའི་རྒྱ་མཚོ།

Oceà Àrtic

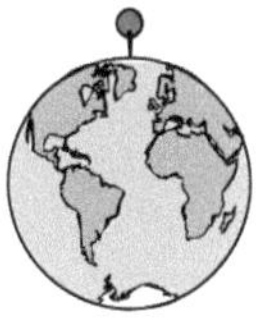

བྱང་ནེ།

pol nord

ཙྪོ་སྨ།
....
pol sud

ཙྪོ་སྨེ་སྲིད།
....
Antàrtida

ས་གོ་ལ།
....
terra

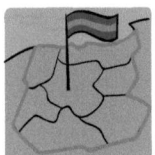

ས།
....
país

རྒྱ་མཚོ།
....
mar

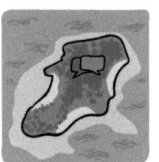

གླིང་ཀ།
....
illa

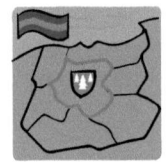

རྒྱལ་ཁབ།
....
nació

རྒྱལ་ཁབ།
....
estat

ས་གོ་ལ། - terra

ཆུ་ཚོད།

quadrant

ཆུ་ཚོད་ཀྱི་མདའ།

agulla de les hores

སྐར་མདའ།

agulla dels minuts

སྐར་མདའ།

agulla dels segons

དུས་ཚོད་ག་ཚོད་རེད།

Quina hora és?

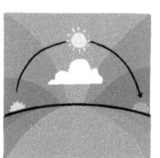

ཉིན།

dia

དུས་ཚོད།

temps

ད་ལྟ།

ara

མཛུབ་དཔུབས་ཅན་གྱི་ཆུ་ཚོད

rellotge digital

སྐར་མ།

minut

ཆུ་ཚོད།

hora

setmana

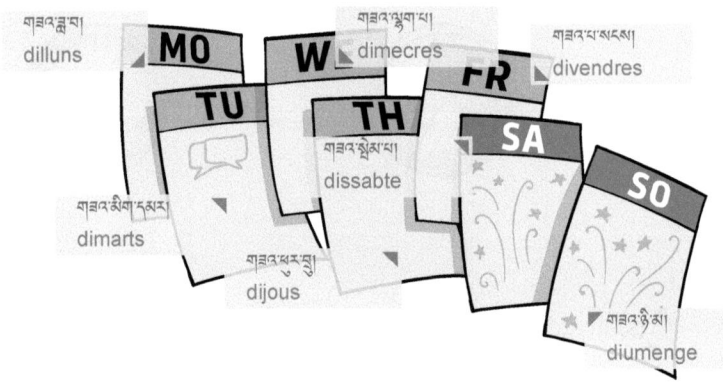

གཟའ་ཟླ་བ། dilluns
གཟའ་ལྷག་པ། dimecres
གཟའ་པ་སངས། divendres
གཟའ་མིག་དམར། dimarts
གཟའ་སྤེན་པ། dissabte
གཟའ་ཕུར་བུ། dijous
གཟའ་ཉི་མ། diumenge

ཁ་སང་།

ahir

དེ་རིང་།

avui

སང་ཉིན།

demà

ཞོགས་པ།

matí

ཉིན་དགུང་ས།

migdia

དགོངས་མོ།

tarda

ལས་གཡེང་ཉིན་མོ།

dia feiner

བདུན་ཕྲག་གི་མཐའ་འཁྱོག

cap de setmana

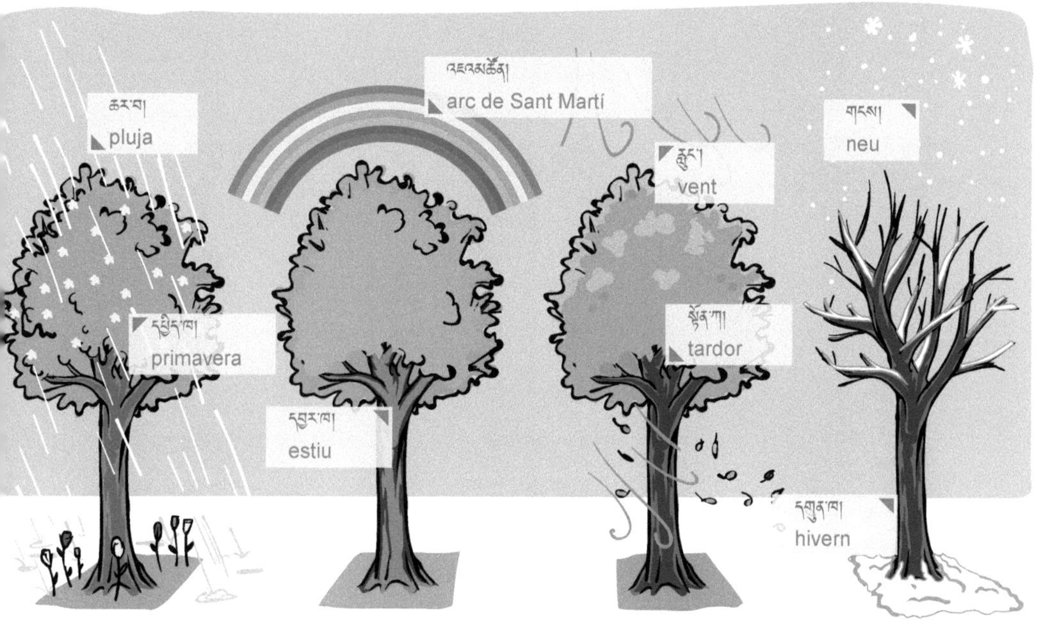

any

ཆར་པ།
pluja

འཇའ་ཚོན།
arc de Sant Martí

རླུང་།
vent

གངས།
neu

དཔྱིད་ཁ།
primavera

དབྱར་ཁ།
estiu

སྟོན་ཁ།
tardor

དགུན་ཁ།
hivern

4.APRIL	11°	☀
5.APRIL	4°	☁
6.APRIL	13°	☁
7.APRIL	8°	☀
8.APRIL	10°	☀

གནམ་གཤིས་སྔོན་བརྡ།
pronòstic del temps

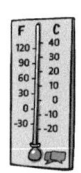

དྲོད་ཚད་རྐྱེན་ཆས།
termòmetre

ཉི་འོད།
llum del sol

སྤྲིན།
núvol

སྨུག་པ།
boira

བརླན་ཚད།
humiditat de l'aire

གློག

llamp

འབྲུག་སྐད།

tro

རླུང་འཚུབ།

tempesta

སེར་བ།

calamarsa

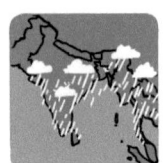

དུས་རླུང་།

monsó

ཆུ་ལོག

inundació

འཁྱགས་པ་

gel

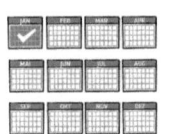

ཟླ་བ་དང་པོ།

gener

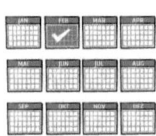

ཟླ་བ་གཉིས་པ།

febrer

ཟླ་བ་གསུམ་པ།

març

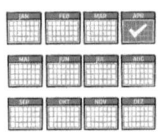

ཟླ་བ་བཞི་པ།

abril

ཟླ་བ་ལྔ་པ།

maig

ཟླ་བ་དྲུག་པ།

juny

ཟླ་བ་བདུན་པ།

juliol

ཟླ་བ་བརྒྱད་པ།

agost

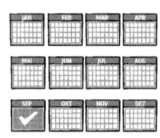

སྤྱི་ཟླ་དགུ་པ།

setembre

སྤྱི་ཟླ་བཅུ་པ།

octubre

སྤྱི་ཟླ་བཅུ་གཅིག་པ།

novembre

སྤྱི་ཟླ་བཅུ་གཉིས་པ།

desembre

རྣམ་པ།

formes

སྒོར་སྒོར།

cercle

གྲུ་བཞི་མ།

quadrat

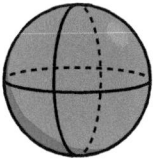

གྲུ་བཞི་རིང་མོ།

rectangle

ཟུར་གསུམ་མ།

triangle

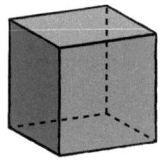

རིལ་གཟུགས།

esfera

ཀྲུ་དཔངས་གྲུ་བཞི་མ།

cub

colors

དཀར་པོ།

blanc

སེར་པོ།

groc

ལི་དབང་།

taronja

ཁྲིང་སྐྱ།

rosa

དམར་པོ།

vermell

མུ་མེན་མདོག

lila

སྔོན་པོ།

blau

ལྗང་གུ།

verd

རྒྱ་སྨུག

marró

སྐྱ་པོ།

gris

ནག་པོ།

negre

oposats

མང་པོ་ཉུང་བ།

molt / poc

གྲོ་བོ་ཞི་འཛམ་ཅན།

emprenyat / tranquil

མ་རབས་ཞན་ཁ།

bonic / lleig

སྒོ་བ་རྩོམས་པ་མཇུག་སྒྲིལ།

començament / fi

ཆེ་ག་ཉུང་བ།

gran / petit

བོད་ཕྱོགས་ཕྱོགས་མན་ནག།

clar / fosc

ཕ་སྤུན་ཨ་ཆེ།

germà / germana

གཙང་མ་བཙོག་པ།

net / brut

ཆ་ཚང་ག་ཆ་མ་ཚང་བ།

complet / incomplet

ཉིན་མོ་མཚན་མོ།

dia / nit

གཤིན་པོ་གསོན་པོ།

mort / viu

ཡངས་པོ་དོག་པོ།

ample / estret

ཟ་རུང་ཟ་མི་རུང་བ།

comestible / immenjable

ངན་པ་སེམས་བཟང་།

dolent / amable

དགའ་སྤྲོ་སྦྲེ་གནས་སྟུང་སྙེས་པ།

entusiasmat / entediat

ཚོན་པོ་རིད་པོ།

gros / prim

དང་པོ་མཐའ་མ།

primer / darrer

གྲོགས་པོ་དགྲ་པོ།

amic / enemic

ཁེངས་པ་སྟོང་པ།

ple / buit

མཁྲེགས་པོ་འཇམ་པོ།

dur / tou

ལྗིད་པོ་ཡང་མོ།

pesant / lleuger

བགྱེས་པ་སྐྱེས་པ།

gana / set

ནད་པ་བདེ་པོ་ཐང་པོ།

malalt / sà

ཁྲིམས་འགལ་གྱི་ཁྲིམས་ཀྱི

il·legal / legal

རིག་པ་ཅན་གླེན་པ།

intel·ligent / ximple

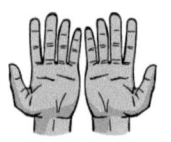

གཡོན་གཡས་ལག

esquerra / dreta

ཉེ་པོ་ཐག་རིང་པོ།

prop / llunyà

གསར་པ་དང་རྙིང་པ།

nou / usat

གང་ཡང་མེད་པ་གང་རེ་ཡིན་ན།

res / quelcom

བོ་ན་མཆོག་པ་གཞོན་ནུ།

vell / jove

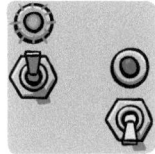

སྤྱིད་ཡར།

encès / apagat

ཁ་འབྱེད་ནས་ཡོད་པའི་ཁ་བཏད་ནས་ཡོད་པའི།

obert / tancat

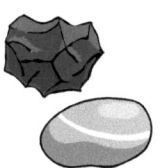

ཁ་སིམ་པོ་སྐད་ཆེན་པོ།

silenciós / sorollós

ཕྱུག་པོ་སྐྱོ་པོ།

ric / pobre

འོས་རེག་ནོར་བ།

correcte / incorrecte

རྩུབ་པོ་འཇམ་པོ།

aspre / suau

ཡིད་སྐྱོ་བྱེད་དགའ་པོ།

trist / content

ཐུང་བ་རིང་བ།

curt / llarg

དལ་བུ་མྱུར་བ།

lent / ràpid

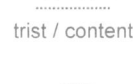

རློན་པ་སྐམ་པོ།

humit / sec - eixut

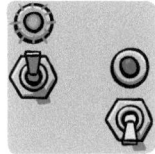

དྲོན་པོ་གྲང་མོ།

calent / fred

དམག་པ།

guerra / pau

0

ཀླད་ཀོར།
zero

1

གཅིག
u

2

གཉིས།
dos

3

གསུམ།
tres

4

བཞི།
quatre

5

ལྔ།
cinc

6

དྲུག
sis

7

བདུན།
set

8

བརྒྱད།
vuit

9

དགུ
nou

10

བཅུ།
deu

11

བཅུ་གཅིག
onze

12
བཅུ་གཉིས།
dotze

13
བཅུ་གསུམ།
tretze

14
བཅུ་བཞི།
catorze

15
བཅོ་ལྔ།
quinze

16
བཅུ་དྲུག
setze

17
བཅུ་བདུན།
disset

18
བཅོ་བརྒྱད།
divuit

19
བཅུ་དགུ
dinou

20
ཉི་ཤུ།
vint

100
བརྒྱ།
cent

1.000
སྟོང་།
mil

1.000.000
ས་ཡ།
milió

དབྱིན་སྐད།
anglès

ཨ་རིའི་དབྱིན་སྐད།
anglès americà

རྒྱ་སྐད།
xinès mandarí

ཧིན་དི།
hindi

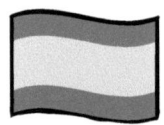

སི་པིན་གྱི་སྐད་རིགས།
espanyol

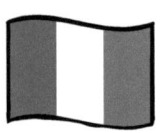

ཕ་རན་སིའི་སྐད་རིགས།
francès

ཨ་རབ་ཀྱི་སྐད་རིགས།
àrab

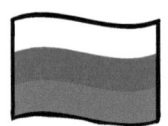

ཨུ་རུ་སུའི་སྐད་རིགས།
rus

ཕོར་ཐུག་ཀལ་གྱི་སྐད་རིགས།
portuguès

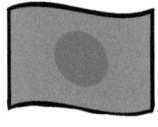

སྦུང་གཱ་ལ་སྐད་རིགས།
bengalí

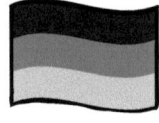

འཇར་མན་སྐད་རིགས
alemany

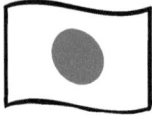

ཧྲ་པན་སྐད་རིགས།
japonès

ང་།

jo

ཁྱེད་རང་།

tu

ཁོ་མོ་འདི།

ell / ella / allò

ང་ཚོ།

nosaltres

ཁྱེད་ཚོ།

vosaltres

ཁོ་ཚོ།

ells

སུ།

qui?

ག་རེ།

què?

ག་འདྲ།

com?

ག་བ།

on?

ག་དུས།

quan?

མིང་།

nom

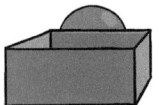

ཁྲབ་ན།
....
darrere

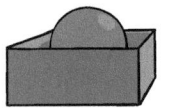

ནང་ན།
....
en

མདུན་ན།
....
davant de

སྟེང་ན།
....
damunt

སྟེང་ན།
....
sobre

འོག་ན།
....
sota

འགྲམ་དུ།
....
al costat

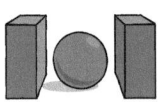

བར་དུ།
....
entre

ས་གནས།
....
lloc